P.-Charles ROBERT

Verb

MONNAIES & JETONS

DES

ÉVÊQUES DE VERDUN

Extrait de l'*Annuaire de la Société française de Numismatique*. (Année 1886.)

MACON

IMPRIMERIE TYP. ET LITH. PROTAT FRÈRES

—

1886

P.-Charles ROBERT

MONNAIES & JETONS

DES

ÉVÊQUES DE VERDUN

MACON

IMPRIMERIE TYP. ET LITH. PROTAT FRÈRES

1885

MONNAIES ET JETONS

DES ÉVÊQUES DE VERDUN

PAR

M. P.-Charles ROBERT

J'ai décrit en 1852[1] les monnaies frappées à Verdun et dans le Verdunois sous les Mérovingiens, les Carolingiens et les princes allemands. La description suivante fera suite à cet ouvrage ; elle aurait dû comprendre les deniers qui appartiennent aux comtes de Verdun du xie siècle, mais je réserve ces monnaies pour un autre travail. Bon nombre des pièces que je reproduis ont déjà pris place, mais sans figure, dans un article de M. F. Clouet, inséré, en 1850, dans les *Mémoires de la Société philomatique de Verdun*. Il existe probablement dans les collections des monnaies épiscopales de Verdun qui ne me sont pas connues ; je fais appel à leurs possesseurs pour en faire ultérieurement, dans ce recueil, l'objet d'un supplément.

Les dates que j'assigne aux épiscopats sont celles que donne l'abbé L. Clouet dans son excellente histoire de Verdun. Une étude spéciale permettrait peut-être d'en modifier quelques-unes.

Le monnayage des évêques de Verdun commence à la fin du xe siècle. Pendant les premiers temps, les espèces

---

Études num. sur une partie du nord-est de la France, in-4°, planches.

portent, dans cette ville, la signature de l'empereur en même temps que celle de l'évêque, et ce dernier ne frappe de monnaies complètement autonomes que dans ses domaines ruraux. La fabrication monétaire verdunoise paraît n'avoir eu qu'une faible importance, si ce n'est sous Thiéri et Richer. Elle est souvent interrompue, et le droit en vertu duquel elle avait lieu paraît être tombé en désuétude après Louis de Haraucourt (1430-1456). Les espèces que deux évêques frappèrent, longtemps après, lorsque Verdun appartenait déjà à la France, ne témoignent pas d'une restauration des droits régaliens jadis concédés à leurs prédécesseurs. Elles prouvent simplement la richesse et l'influence de la maison de Lorraine, à laquelle appartenaient ces prélats.

HEYMON et OTTON III (996-1002).

Atelier de Verdun.

1. — ✠ HEIƆO E.. Croix à branches terminées en tulipe ; un petit globe au premier canton et au quatrième.

℞ OTTO.MP...., en légende circulaire. Dans le champ, AVG.; un signe abréviatif au dessus de la lettre V et, au dessous, quatre points formant une figure cruciforme.

Ancienne collection de Saulcy. Denier exhumé dans le département de la Meuse[1]; argent fin; flan écorné; poids 1 gr. 34.

2. — ✠ ..IƆO EPS. Croix à branches égales avec un petit globe dans chaque canton.

---

1. Cf. F. Clouet, *Monnaies de Verdun* (tirage à part), p. 34 et fig. 2, et mes *Études*, p. 234, et pl. xviii, fig. 8.

℞ O.....P....., en légende circulaire. Dans le champ, **AVG** ; un signe abréviatif sur la lettre **V** et, au dessous, quatre points formant une figure cruciforme.

Cet exemplaire ne diffère que peu du précédent, au revers, et porte, au droit, quatre petits globes au lieu de deux ; il a été publié, sans attribution, dans les *Mémoires de la Société impériale d'archéologie de Saint-Pétersbourg*[1], et faisait partie d'un trésor découvert en 1847 à Kaldal, au fond du golfe de Throndhjem, dans la partie septentrionale de la Norwège.

3. — Légende fruste. Dans le champ, une croix cantonnée de quatre petits globes, comme au n° 2.

℞ .....O....., en légende circulaire. Dans le champ, **AVG** ; au dessous, trois points.

Ma collection ; obole ; argent fin.

HEYMON et HENRI II (1002-1011).

Atelier de Verdun.

1. — · HAE︎ℑO.....L. Buste à gauche.

---

1. Vol. IV. 1850, p. 366, et pl. xiv, fig. 1, article du bᵒⁿ de Koehne.

℞ • HAEINRICVS. Au centre, une croix avec un point dans chaque canton.

Ma collection. Denier d'argent fin [1].

5. — HAEISꙄ.... Au centre, une tête nue à gauche.

℞ ....HAEINRIC[V]S. Au centre, une croix à branches égales avec un point dans chaque canton.

Denier d'argent; poids, 1 gr. 25.

6. — HAEISꙄO. Buste à gauche. Les lignes du vêtement sont accusées par trois traits inscrits entre les deux grènetis.

℞ HAEINRICVS. Croix à branches légèrement évasées; un point dans chaque canton.

Denier d'argent; 1,16 et 1,18.

Les deux pièces précédentes ont été publiées avec figures, par M. Franz Reber [2] qui proposait d'y reconnaître

---

1. Cf. Dannenberg, *Die deutschen Münzen der sächsischen und fränkischen Kaiserzeit*, pl. v, n° 99.

2. *Zeitschrift für Numismatik* publiée par M. von Sallet, t. I, 1873, p. 262 et suiv.

des monnaies de Ratisbonne, portant d'un côté le nom de Henri I de Wolfrathshausen (1132-1155), et de l'autre, celui de saint Heim(*eramus*), patron de la cathédrale.

HEYMON, SEUL (990-1024).

Sans indication d'atelier.

7. — ✠ HAEIƧ2O. Au centre, une croix pattée avec un point dans chaque canton.

℞ Sans légende. Tête à gauche accompagnée d'une crosse devant le visage. Grènetis extérieur.

Collection Maxe-Werly. Obole d'argent, trouvée aux environs de Bar-le-Duc; fruste; 0 gr. 50.

Une obole semblable, mais un peu plus pesante, 0 gr. 52, avait été attribuée, comme les deux précédentes, à Ratisbonne par M. F. Reber. M. Dannenberg[1], dans son grand ouvrage, a reproduit cette obole et l'a rendue à Verdun, ainsi que les autres pièces où l'on avait lu : HEIM(*eramus*).

Atelier de Dieulouart.

Le château de Dieulouart fondé, au bord de la Moselle, en 1020, se nommait dans les chartes du xie siècle et du xiie, suivant M. H. Lepage[2], *Dei Lauvart, Deus Lauvart* et *Deulewart*[3].

---

1. *Op. laud.* p. 93 et pl. v, n° 98.
2. *Dict. topog. de la Meurthe*, ad verb.
3. Le nom de ce château aurait dû, suivant Clouet, s'écrire Dieu-louward, Dieu le garde. Cf. *Hist. de Verdun*, t. I, p. 72 et 73.

8. — • HAEIɱO PSŁ. Au centre, une croix pattée avec un petit globe au premier canton et au quatrième.

℞. ∿ DS·[LO]VVART. Dans le champ, une main qui bénit.

Musée royal de Copenhague; argent; 1,30.

Ce denier a été décrit sans figure, sous le n° 3526, dans l'excellent catalogue de la collection Thomsen, rédigé sous la surveillance du savant numismate C. F. de Herbst.

9. — • HAEIMO PSŁ. Au centre, une croix pattée avec un point au premier canton et au quatrième.

℞ • DS LOAVART. Au centre, une main qui bénit.

Ma coll.; flan rogné; argent de bon titre; 0,90.

Cet exemplaire diffère du précédent par l'emplacement des points séparatifs et par la présence d'un A à la place du premier V dans le nom de l'atelier. La figure de ces deniers n'avait pas encore été publiée.

Le type de la main bénissante, qui se retrouvera plus tard, sous l'évêque Richard, paraît avoir été introduit à Verdun par les monnayeurs de l'empereur Henri II.

Atelier d'Hattonchâtel.

La forteresse d'Hattonchâtel fut bâtie, vers 859, sur une hauteur, à six lieues de Verdun. Elle devint la meilleure des places de l'évêché.

10. — HADONIS, entre deux grènetis; au centre, une croix pattée avec un point dans chaque canton.

℞ CAS[T]RV[M]. Au centre, un édifice dont le pignon et les colonnettes coupent le grènetis.

Denier d'argent; 1,05.

Cette pièce muette, donnée à Ratisbonne par M. F. Reber, a été rendue par M. Dannenberg[1] à Hattonchâtel et classée, en raison de son type, à l'évêque Heymon.

Le type d'église, que présente le denier d'Hatton-châtel, se retrouve plus ou moins modifié dans plusieurs ateliers de Lorraine, notamment à Toul et à Epinal.

RAIMBERT ET CONRAD LE SALIQUE (1025-1039).

Atelier de Verdun.

11. — ✠ R. A'BT' PSŁ ▼RDVNI. Au centre, une croix pattée. Il est possible qu'il y ait un point après le nom du lieu. ℞ ✠ • CONRAD·IMP·AVG· (M et P liés.) Tête barbue, couronnée et tournée à gauche.

Ma coll. Denier d'argent.

---

1. Cf. Dannenberg, *Die deutschen Münzen der sächsischen und fränkischen Kaiserzeit*, Berlin, 1876, in-4°, p. 91, n° 101.

RAIMBERT, seul. (1025-1039).

Atelier de Hattonchâtel.

12. — ✠ · RAᴔBERT' PSᵗ, entre deux grènetis; au centre, une tête nue tournée à gauche.

ℝ̇ ✠ HADONI·CASTRV· entre deux grènetis; au centre, une croix dont les branches sont légèrement en forme de tulipe ; un globule dans chaque canton.

Ma collection. Denier d'argent.

Cette pièce a été publiée en 1873, sous le n° 3528, dans le catalogue de la collection Thomsen, d'après un exemplaire aujourd'hui au musée de Copenhague.

13. — ✠ · RAᴔBT' · PRESᵗ. Au centre, une tête nue à gauche; deux traits inclinés, signe d'abréviation, coupent le B et en font BER.

ℝ̇ ✠ HADONIS CASTRV'. Croix semblable à la précédente, avec petits globes dans les cantons.

Variété faisant partie d'une collection célèbre en Lorraine au dernier siècle, celle de l'abbé de Jobal, que j'ai eu l'occasion de visiter, il y a longues années, au château de Landonvillers et qui doit appartenir aujourd'hui, par succession, à M. le marquis de Lambertye.

Denier d'argent.

14. — **RAᴍ'T' PRESVL** · Tête nue à gauche.

℞ **HADONIS CASTRV**. Au centre, une croix pattée avec un point dans chaque canton.

D'après Dannenberg [1]; argent 1,25.

15. Légende effacée; tête nue à gauche, comme celle des trois numéros précédents.

℞ **HAD.....ASTRV**, entre deux grènetis. Au centre, une croix légèrement pattée, avec un point dans chaque canton.

Coll. Amand Buvignier, à Verdun; argent; obole; 0,52.

La troisième lettre est incertaine; M. Buvignier pensait qu'il y avait **HAT** au lieu de **HAD**.

La variété des coins de Raimbert a dû être considérable; elle dénote une fabrication prolongée et diverses émissions.

16. — [✠ R]Eɢʜ [NbT]·S EbS, entre deux grènetis. La légende est défigurée par une surfrappe. Dans le champ, une tête de femme, vue de face, et entourée d'un voile.

℞ ✠ **HATT....A**. entre deux grènetis. Dans le champ, une façade d'église percée d'une porte cintrée et accostée de deux

---

1. *Op. laud.* p. 498 et pl. LXI, n° 1363.

tours à pignon surbaissé. On voit, au centre et en arrière, la tour principale de l'édifice.

Denier d'argent ; 1 gr. 21.

Cette belle pièce est attribuée par M. Dannenberg [1] à l'évêque Raimbert, dont le nom aurait été écrit Reginbertus, avec des abréviations analogues à celles que présentent plusieurs monnaies verdunoises de la même époque. Les chartes citées par l'abbé Clouet [2] prouvent en effet que l'orthographe du nom de cet évêque a souvent varié ; mais la forme *Reginbertus* ne s'y retrouve pas. M. Dannenberg justifie son attribution par la présence au droit de la tête de face de la Vierge, qui devait devenir bientôt, sous Thiéri, le type habituel des monnaies épiscopales verdunoises. Une monnaie de Henri III (1039-1056) frappée à Verdun, et un denier que j'attribue à un prince de la maison d'Ardennes, Godefroy-le-Breux, comte de Verdun, portent l'une et l'autre vers la même époque, dans le champ, sinon l'image, du moins le nom de la Vierge. L'attribution de M. Dannenberg est donc admissible.

J'ai placé ce denier à la fin des monnaies de Raimbert, parce qu'il ne porte plus le type si ancien de la croix cantonnée de quatre globules.

---

1. *Zeitschrift für Numismatik*, t. IX, 1882, p. 287.
2. *Histoire de Verdun et du pays verdunois*. t. II, p. 24.

RICHARD ᴇᴛ HENRI III (1039-1046).

Atelier de Verdun.

17. — ✠ **RICARDVS EP...** Tête nue tournée à gauche.
℞ ✠ **HEINRIC REX.** Dans le champ, une main qui bénit.

Musée de Copenhague. Denier d'argent.

RICHARD, ꜱᴇᴜʟ (1039-1046).

Atelier de Hattonchâtel.

18. — ✠ **RICHA[RD°] EPIS**, entre deux grènetis. Au centre,
une main qui bénit.
℞ **HATTONIS CA....** entre deux grènetis. Au centre, le
temple rappelant celui des deniers carolingiens ; deux courbes
simulant un dòme sont ajoutées aux deux côtés du fronton,
comme sur divers deniers de Metz frappés à la même époque.

Musée de l'Hermitage ; copie de M. le Baron de Koehne.
Denier d'argent.

19. — ....**RICHARD...P...** Main qui bénit. Il est probable
que la dernière lettre appartient à l'abréviation **EPS**.
℞ ✠ **HATTVNI CATRV**, entre deux grènetis. Au centre, un
temple pentastyle sans courbes sur le fro__on et tout-à-fait
semblable, par conséquent, au temple carolingien, qui a si

longtemps été reproduit par les monnaies de l'ancien royaume de Lorraine.

Denier d'argent; 1,10. Musée royal de Copenhague.

Cette variété inédite faisait partie du trésor exhumé en 1825 à Selsoe en Sélande, et dont M. de Herbst fait remonter l'enfouissement vers l'année 1060.

20. — ✠ RICHADVS EP... Main qui bénit.

℞ ✠ HA....ASTR. Au centre, un édifice présentant un fronton avec une porte carrée dans le milieu, et ne rappelant plus le temple carolingien. Cette forme d'édifice est très fréquente sur les monnaies d'Otton III.

Ma collection. Denier d'argent ; 0,94.

Il est à remarquer que les rares exemplaires des monnaies autonomes de Richard, retrouvées jusqu'à ce jour, diffèrent les uns des autres, soit par divers détails, soit par la forme de l'édifice du revers; ce qui dénote une fabrication importante. M. F. Clouet ne les connaissait pas lorsqu'il publia son étude sur les monnaies de Verdun.

THIÉRI (1047-1089)

Atelier de Verdun.

Thiéri, au début de son épiscopat, a conservé les flans larges et minces en usage sous ses prédécesseurs; mais ses monnayeurs ont bientôt adopté des flans plus épais et dont le diamètre alla rapidement en diminuant. Ce changement se produisit aussi à Metz vers le même temps, sous Hériman (1073-1090).

Les types des monnaies de Thiéri sont assez nombreux. L'un d'entre eux, celui de l'édifice, présente des aspects fort différents. Nos numéros 21, 22 et 23 présentent une large tour à deux étages, de style fort ancien ; les numéros suivants, au contraire, montrent une église à deux clochers avec portail central, dispositif dans lequel le savant abbé L. Clouet [1] voit une image de l'église cathédrale, reconstruite, après un incendie, sous l'évêque Thiéri. Ce rapprochement est ingénieux ; mais il est à remarquer que des édifices semblables, au premier et au second type, se rencontrent sur des monnaies frappées dans d'autres évêchés.

BUSTE DE FACE AU DROIT ; AU REVERS, UN ÉDIFICE DE FORME ANCIENNE.

21. — ✠ **TEODERICVS EPS**, entre deux grènetis. Dans le champ, le buste de l'évêque de face. La tête nue est surmontée d'un ornement en forme de croissant.

℟ ✠ **VRBS CLAVORVM** (V et M liés), entre deux grènetis. Au centre, un édifice quadrangulaire à colonne avec soubassement, vu en perspective, d'un point élevé, en sorte que sa plate-forme, très ornée, apparaît tout entière.

Ma coll., style large ; reliefs prononcés ; argent ; 0,97.

22. — ✠ **TEOD..... EPS**, entre deux grènetis. Dans le champ, buste de l'évêque, analogue à celui du n° 20.

1. *Histoire de Verdun*, t. II, p. 65 et 69.

℞ VRBS [CLAV]ORVM. Au centre, un édifice à deux étages.

Ma coll.; inédite ; argent fin ; 1,10.

23.— ✠ TEODE..... dans le champ, buste de l'évêque de face.

℞ ✠ VIRDVNVM , entre deux grènetis. Edifice analogue à celui du n° 21. Le type est défiguré par une surfrappe.

Ma coll.; denier d'argent ; 1 gr.

La ville est désignée au revers des monnaies qui précèdent tantôt par son nom ordinaire VIRDVNVM, tantôt par VRBS CLAVORVM. Cette forme *urbs clavorum* ou *claborum*, déjà signalée par Sigebert de Gembloux [1] qui vivait du temps de Thiéri, paraît n'avoir été employée dans l'atelier de Verdun que sous ce prélat. Cette dénomination *urbs clavorum* n'a pas encore été expliquée d'une manière satisfaisante. M. F. Clouet, après avoir rappelé que le concile de Cologne de l'an 346 mentionne l'évêque de Verdun sous le nom de *Sanctinus articlavorum*, identifie à tort *articlavorum* avec *clavorum* [2]. Un homme très compétent, l'abbé Duchesne, que j'ai consulté au sujet de ce concile apocryphe, a bien voulu me dire qu'il avait été fabriqué au ix° siècle, dans la province ecclésiastique de Sens ; il m'a fait remarquer, en

---

1. Godefridus urbem Clavorum, quæ Virdunum dicitur, cum majori sanctæ Mariæ ecclesia, incendit.

2. *Hist. de Verdun*, t. I, p. 39.

outre, que le mot articlave, à cette époque, était pris en opposition à laticlave, attendu qu'*arctus*, étroit, était devenu *artus* dans la basse latinité.

BUSTE DE PROFIL AU DROIT; AU REVERS, ÉGLISE A DEUX TOURS.

Les quatre monnaies qui suivent présentent encore, d'un côté, le buste de l'évêque vu de profil, tenant la crosse, et de l'autre, un édifice; elles sont d'un art et d'un style moins larges que les précédentes, mais présentent des détails plus étudiés.

24. — **TIEDERIC....EPS**, dans un grènetis. Au centre, l'évêque en buste à droite, tête nue; trois perles sur l'épaule gauche représentent sans doute une fibule; devant le visage du prélat, une crosse tournée en dehors.

℞ ☆ **VIRDVNVM**. Au centre, une église vue de face. Le portail est percé d'un petit cercle représentant une rose surmontée d'une croix. Les tours à deux étages sont couronnées par une toiture en poivrière, avec une boule au sommet. La porte de chaque tour est en plein cintre, comme celle du centre; les marches de l'escalier sont représentées par deux lignes courbes qui encadrent bien l'image.

Communiqué il y a fort longtemps par M. Charles Buvignier.

25. — Autre, où la croix du pignon est remplacée par une sorte de fleur de lis.

Ma coll., argent fin.

26. — Variété du n° 24, où l'étoile qui marque le commencement de la légende du revers est remplacée par une croisette.
Ma coll.; argent; 1,02.

Ce denier a été décrit pour la première fois par M. de Saulcy[1]; on en a trouvé plusieurs exemplaires, en 1840, à Montfaucon (Meuse), dans une bourse en filigrane d'argent, avec une plaque pour fond et une charnière à boutons pour fermeture[2].

27. — Variété du n° 26, où le vêtement est quelque peu différent; les cheveux de l'évêque sont formés de mèches séparées, ornées chacune de trois petites boules.

Anc. coll. de Saulcy; argent de bon titre; 1,06.

28. — **TIEDERICO**. Dans un grènetis. Au centre, le buste de l'évêque à droite.

R' ✠ **VIRDVNVM**. Eglise avec pignon et tours.

Ma coll.; obole; argent; 0,53.

Cette rare petite pièce, sauf l'abréviation de la légende du droit et la suppression de la crosse, reproduit le type du denier n° 26.

TÊTE AU DROIT; AU REVERS, CROIX ET NOM
DE LA VIERGE DANS LES CANTONS.

29. — ✠ **TEOD**[ERIC]**VS EPS** entre deux grènetis. Au centre, la tête de l'évêque de face, les cheveux courts.

R' ✠ **VRBS CLAV**[ORUM] entre deux grènetis. Dans le champ, une croix à branches égales, cantonnée des lettres **SMARIA** (M et A liés).

Coll. A. Buvignier; argent; 1,17.

---

1. *Notice sur la trouvaille de Tronville*, p. 4.
2. F. Clouet, *op. laud.* p. 37 et 38 et fig. n° 5.

Le manuscrit de Dupré de Geneste, conservé à la bibliothèque de Metz, fait connaître un exemplaire plus complet de cette rare pièce.

CROIX AU DROIT; NOM DE LA VIERGE
DANS LE CHAMP.

30. — ✠ **TEODERIC' EP—S** ('TE liés.) entre deux grènetis. Dans le champ, une croix à branches en tulipe; de petits globes se voient à la rencontre et à l'extrémité des branches de la croix; un autre petit globe occupe le premier canton.
℞ ✠ **VRBS CLAVORV**. Au centre et disposées en croix, les les lettres **S MARIA**.

Ma coll.; bon argent; 1,16 [1].

Un second exemplaire de cette rare monnaie, mais de coin varié et pesant 1,11, appartient à M. A. Daubrée.

31. — Variété où le signe d'abréviation, qui se voit au droit dans le mot **EPS**, surmonte le **P** au lieu d'être placé entre cette lettre et le **S**, tandis qu'au revers, le point est passé du premier canton au quatrième.
Anc. coll. Monnier; bon argent; 1,23.

32. — ✠ **TEODRI**..... Au centre, une croix semblable à celle des n°ˢ 30 et 31, mais dont les premiers cantons présentent chacun un globule.
℞ ......E⋏N⊙I.... Au centre, **S MARIA**.
Billon bas, pesant seulement 0,86.

Cette pièce, que j'ai examinée en 1835 dans la collection de M. de Saulcy, est mal conservée; la faiblesse de son

---

1. F. Clouet, *op. laud.* p. 39 et fig. 4.

titre paraît en faire une monnaie fausse du temps. La légende du revers est une copie maladroite des mots **VIRDVNVM** ou **VRBS CLAVORVM**.

33. — ✠ **TEODERIC' EPS**. Croix à branches pattées, avec un petit globe à leur extrémité; aucun point n'existe dans les cantons.

℞ ✠ **VRBS CLAVORW**. Dans le champ, **S MARI A**.

Ma coll.; obole d'argent; 0,57.

NOM DE L'ÉVÊQUE DANS LE CHAMP DU DROIT ET NOM DE LA VIERGE DANS CELUI DU REVERS.

Les monnaies de ce type sont beaucoup moins rares en général que les précédentes; elles présentent de nombreuses variétés formées, le plus souvent, par les accessoires gravés dans le champ du revers.

A. — *Deux étoiles au revers.*

34. — **TEO DERIC EPS** écrit en trois lignes, dans la circonférence du grènetis.

℞ **MARIA VIRGO** écrit en croix dans le champ; le **R** de **VIRGO** sert au mot **MARIA**; une étoile se voit à droite et à gauche du dernier **A**.

Ma coll.; denier d'argent; 0,99.

35. — Variété de la pièce précédente, où le **P** de **EPS**, au droit, est barré de manière à former une sorte de **R**.

Anc. coll. de Saulcy; argent; 0,98.

36. — Autre où le **T** et le **E** du mot **TEODERIC'** sont liés. Anc. coll. de Saulcy.

37. — Même type au droit et au revers que le n° 34.
Obole communiquée par feu J. Laurent; argent de bon titre; poids, 0,41.

B. — *Deux roses au revers.*

38. — M. F. Clouet a décrit un denier de sa collection [1] sur lequel les deux étoiles sont remplacées par deux rosettes; c'est une variété que je n'ai jamais rencontrée.

C. — *Deux croisettes au revers.*

39. — **TEODERIC EPS.** En trois lignes, dans un grènetis. ℞ **MARIA VIRGO**, en légende cruciforme.

Ma coll.; argent; 1,19.

40. — Autre où **EPS** est écrit **ERS**.
Ma collection; argent; 1,14.

M. F. Clouet cite un exemplaire donné par Mory d'Elvange, où les croisettes placées de chaque côté de l'**A**, auraient été formées de cinq points [2].

D. — *Une croisette et trois petits globes au revers.*

41. — **TEODERIC' EPS**, en trois lignes dans un grènetis. ℞ **MARIA VIRGO**, en trois lignes dans un grènetis; les quatre cantons formés par la légende en forme de croix sont occupés, le 1er, le 2e, le 3e, par un petit globe, le 4e, par une croisette.
Ancienne coll. de Saulcy; denier d'argent; 0,92

---

1. *Mémoires de la Société philomatique de Verdun*, 1850, p. 42.
2. *Ibid.* p. 43.

E. — *Deux petits globes au revers.*

42. — Denier d'argent de sa collection, sommairement indiqué par M. F. Clouet comme représentant deux petits globes au revers [1].

43. — **TEODERIC' EPS**, en trois lignes dans un grènetis.
℞ **MARIA VIRGO**, en trois lignes, dans un grènetis; un petit globe à droite et à gauche du dernier **A**.
Ma collection; obole d'argent; 0,47.

44. — Autre obole où les petits globes du revers sont l'un et l'autre à la droite de la lettre **A**, dans le quatrième canton.

Ma coll.; obole d'argent; 0,47.

F. — *Deux signes en manière de T.*

45. — **TEODERIC EPS**, en trois lignes dans un grènetis.
℞ **MARIA⸱VIRGO**, disposé en croix. Dans le bas de la pièce, à droite et à gauche du second **A**, un petit signe en forme de T.

Ma collection; denier d'argent; 0,96.

Sur une autre pièce, également de ma collection, un des deux signes ne présente qu'un renflement au lieu d'une barre et ressemble quelque peu à un gland; une pièce analogue est citée M. F. Clouet [2].

---

1. *Mémoires de la Société philomatique de Verdun*, 1850, n° 16.
2. *Ibid.*, n° 17.

G. — *Deux oiseaux au revers.*

46. — TEODERIC ERS, en trois lignes dans un grènetis.
℞ **MARIA VIRGO**. Un oiseau dans chacun des deux cantons inférieurs.

Ma collection; argent; 1,15.

M. de Saulcy possédait un denier du même type portant régulièrement au droit **EPS** au lieu de **ERS**.

H. — *Aucun signe au revers.*

47. — TEODERIC EP—S, en trois lignes dans un grènetis.
℞ **MARIA VIRGO**, en quatre lignes.

Anc. coll. de Saulcy; obole d'argent; 0,42.

Cette petite monnaie se distingue par la régularité de ses caractères et par la présence d'un signe d'abréviation au droit, entre le **P** et le **S**.

Autre où les lettres sont beaucoup moins régulières et où le signe d'abréviation a disparu.
Anc. coll. de Saulcy; obole d'argent; 0,42.

Il est probable que le groupe où le nom de l'évêque et celui de la vierge sont écrits horizontalement a comporté des signes accessoires qui ne sont pas encore retrouvés; mais les variétés que je viens de décrire sont assez nombreuses pour prouver que les ateliers féodaux étaient, comme l'atelier royal, obligés de changer souvent les signes caractérisant une émission. Il est à regretter que l'absence de documents ne permette pas de faire pour l'évêché de Verdun un travail analogue à celui dans lequel M. de Saulcy a établi pour le royaume de France la date à laquelle bon nombre de variétés ont été fabriquées.

CROIX AU DROIT; TÊTE DE LA VIERGE DE PROFIL AU REVERS.

A. — *Un petit globe à l'extrémité des branches de la croix.*

48. — ✠ **TIEDERICVS EPS**, entre deux grènetis; au centre, une croix dont les branches sont égales, évasées, un peu pattées et terminées par un petit globe.

℟ ✠ **SEA MARIA**, entre deux grènetis; dans le champ de la pièce et entourée d'un nimbe concentrique au grènetis, la tête de la vierge tournée à droite et voilée.

Ma collection; argent; 1,15.

49. — Même type; ma coll.; obole; 0,60.

Ce type est le plus commun de tous ceux que nous a laissés l'évêque Thiéri; il a été frappé avec un grand nombre de coins où la figure de la vierge, généralement exécutée avec finesse, varie par l'expression des traits et par l'agencement du voile.

50. — Denier semblable au n° 48, mais où la légende du droit est rétrograde.

Anc. coll. de Saulcy ; argent ; 1,03.

51. — Variété du n° 48 au revers de laquelle on lit autour d'une très petite tête voilée ✠ …AMRIA.
Anc. coll. de Saulcy, contrefaçon du temps ; argent ; 0,92.

B. — *Un petit globe dans les cantons de la croix.*

52. — ✠ TIEDERICVS EPS, entre deux grènetis ; au centre, une croix à branches égales et évasées à leur extrémité ; un petit globe se voit dans chaque canton.
℞ ✠ SCA MARIA, entre deux grènetis ; au centre, la tête nimbée de la Vierge.

Denier d'argent ; plusieurs variétés de coin ; ma coll.; 1,12 à 1,22.

53. — Obole au même type.
Anc. coll. de Saulcy ; argent ; 0,43.

C. — *Croix sans globes dans le champ.*

54. — ✠ TIEDERICVS EPS, entre deux grènetis ; au centre, une croix à branches égales et évasées.

℞ ✠ SᴇA MARIA. Au centre, la tête nimbée et voilée de la Vierge.

Ma coll.; argent; 1,16.

55. — Obole au même type.
Ma coll.; argent; 0,66.

55. — Autre obole où la légende du droit est écrite de droite à gauche et où celle du revers aurait porté **STA MARIA** (M et A liés) [1].

RICHER (1089-1107).

Richer frappa monnaie non seulement à Verdun, mais dans les châteaux de Dieulouart, d'Hattonchâtel, de Dun et de Sampigny.

C'est au xɪɪᵉ siècle et au xɪɪɪᵉ que les évêques de l'ancienne Belgique première ont possédé le plus de fiefs. Les évêques de Metz ont frappé monnaie à cette époque dans un grand nombre d'ateliers ruraux [2], et ceux de Toul à Liverdun et à Blénod. L'éparpillement monétaire était très considérable à cette époque, car on s'y montrait fort jaloux de tout ce qui rappelait l'exercice des droits régaliens. Quant aux monnaies portant le nom de Verdun, elles n'ont pas toutes été frappées effectivement dans cette ville : on connaît une charte de 1099, par laquelle l'évêque Richer charge l'abbé Adalric de fabriquer monnaie pour lui à Saint-Mihiel, avec les coins de Verdun.

Je commencerai la description des monnaies déjà retrouvées de Richer, par celles au nom de Verdun, qui sont les plus nombreuses.

---

1. F. Clouet, *ibid.*, p. 42, n⁰ 9.

2. Cf. l'article que j'ai publié sur la trouvaille de Saint-Vith, dans les *Mélanges de numismatique*, t. II.

Je donnerai ensuite les monnaies frappées dans les fiefs épiscopaux ; ces dernières, sauf à Sampigny, ne présentent qu'un type.

Atelier de Verdun.

ÉVÊQUE EN BUSTE ET ÉDIFICE.

57. — RICHERVS EP', entre deux grènetis ; au centre, une tête de profil à droite, les cheveux courts ; une crosse tournée en dedans se voit devant le visage.

℞ VIRDVNVM. Edifice à deux tours.

Ce denier, d'assez mauvais style, rappelle, mais de loin, les belles pièces que j'ai classées au 1ᵉʳ groupe de Thiéri.

Ma coll.; argent ; 0,95.

NOMS DE L'ÉVÊQUE ET DE LA VIERGE.

58. — RI CHE RVS CP, en quatre lignes horizontales ; un point secret au dessous de la lettre H. Au lieu d'un simple grènetis, deux circonférences concentriques entre lesquelles règne un perlé. Cet entourage est coupé en quatre parties égales par des amorces de rayons entre lesquelles règnent deux petits globes.

℞ MARIA VIRGO, également en quatre lignes horizontales avec le même encadrement.

Ma collection; argent ; 0,90.

59. — Autre où le point secret n'existe pas au droit sous la lettre H, et où les quatre parties de l'encadrement circulaire

sont séparées les unes des autres, non plus par deux petits globes, mais par un globe entouré d'un anneau.

Ma collection ; argent ; 0,82.

60. — RI CHE RVS P, dans un encadrement semblable à celui du n° 58.

℞ MA RIA VIR GO. Les lettres M et A sont liées ; même encadrement.

Anc. coll. Berbain, à Charmes ; obole ; argent.

61. — Variété du n° 57, où le nom est écrit au droit en trois lignes au lieu de quatre.

Denier ; F. Clouet, p. 46, n° 2.

62. — Autre, où les inscriptions au droit et au revers n'ont que trois lignes.

Denier ; F. Clouet, p. 46, n° 1.

NOM DE L'ÉVÊQUE ÉCRIT SUR UNE CROIX
ET TÊTE DE LA VIERGE DE FACE.

63. — RICHERV EP[IS] COP.. écrit sur les branches d'une croix dont les bords sont pointillés ; dans chaque canton, un annelet, le tout entouré d'un grènetis.

℞ MARIA VIRGO, entre deux grènetis. Au centre, la tête voilée de la Vierge, vue de face.

Coll. et dessin de M. Dony ; denier d'argent ; 0,60.

Cette curieuse pièce rappelle, par la forme de la croix du droit, les monnaies d'Andernach attribuées par

M. Dannenberg à Thiéri I, duc bénéficiaire de la Haute-Lorraine (984-1024). Ce rapprochement pourrait porter à croire que le denier d'Andernach doit être descendu à Thiéri II (1093-1104).

CROIX AU DROIT ; TÊTE DE LA VIERGE DE PROFIL AU REVERS.

64. — **RICHERVS EP'** entre deux grènetis ; dans le champ, une croix pattée avec un point à la jonction et à l'extrémité des branches.

℞ ✠ **MARIA VIRGO**, entre deux grènetis ; au centre, une tête voilée tournée à gauche. La croisette qui commence la légende a un petit globe dans chaque canton.

Ma coll. ; denier d'argent ; 0,95.

M. F. Clouet, p. 46, n° 5, cite ce denier et croit pouvoir le distinguer d'un exemplaire qui aurait existé au dernier siècle chez l'abbé de Jobal, et dont la croix, d'après une ancienne description, aurait été bourdonnée. Il est évident qu'il s'agit de la même pièce.

ÉDIFICE A TROIS TOURS AU DROIT ; CROIX AU REVERS.

65. — ✠ **RICHERVS EPS**, entre deux grènetis ; au centre, une église composée d'un portail cintré que surmonte une tour à deux étages et que flanquent deux tourelles,

℞ ⁙ **MARIA VIRGO**, entre deux grènetis ; au centre, une croix à branches évasées ; un point se voit à la rencontre des branches et à chacune de leurs extrémités.

Anc. coll. de Saulcy ; denier d'argent ; 1,02.

66. — ✚ **RICHERVS EPS**, entre deux grènetis.

℞ ..**MARIA VIRGO**. Croix semblable à la précédente, mais plus épaisse; le signe qui commence la légende n'est pas visible.

Ma coll.; argent; 0,92.

Il existe des variétés de ce type où l'église présente des différences dans son dispositif.

CROIX AU DROIT; TOUR A DEUX ÉTAGES AU REVERS.

Atelier de Verdun.

67. — ✚ **RICHERVS EPS**. Dans le champ, une croix à branches évasées en creux, avec un petit globe au centre et dans chaque canton.

℞ ☆ **MARIA VIRGO**. Dans le champ, une tour à deux étages avec un toit en poivrière. Des appendices en manière de banderoles partent du premier étage et de la naissance du toit. Les détails de l'édifice sont d'une grande finesse d'exécution.

Anc. coll. de Saulcy; denier d'argent; 0,99.

68. — ✚ **RICHER**..... Dans le champ, une croix avec petits globes, comme au précédent.

℞ ☆ **MARIA VI**... Dans le champ, une tour à deux étages avec toit en poivrière.

Anc. coll. de Saulcy; obole d'argent; 0,50.

Atelier de Dieulouart.

60. — **ᵴ• RICHERVS EPS**, entre deux grènetis ; au centre, une croix pattée ; rien dans les cantons.

℟ **✠ DSLOWART**, entre deux grènetis ; dans le champ, un édifice à deux étages que surmontent deux tours.

Ma coll. ; denier d'argent ; 0,95.

70. — **....HERVS**. ... entre deux grènetis ; au centre, une croix pattée.

℟ **✠ DS LOWART**, entre deux grènetis ; au centre, l'édifice du n° précédent.

Coll. A. Buvignier ; obole d'argent.

Il est à remarquer que le nom du lieu est écrit sur ces monnaies comme sur celles d'Heymon. **DS** est l'abréviation de **DEVS** : Deus louvart [1].

Atelier d'Hattonchâtel.

L'atelier qui avait fonctionné à Hattonchâtel, sous les évêques Raimbert et Richard, était encore en activité en 1352, d'après les recherches de M. F. Clouet. Le fief d'Hattonchâtel était important ; les évêques y résidèrent souvent à l'époque où ils étaient en lutte, soit avec le chapitre de la cathédrale, soit avec les bourgeois de la ville. Ils en firent le siège de leur principale justice depuis l'affranchissement de la ville de Verdun jusqu'en 1546 [2].

1. Cf. Lepage, *Dict. top. de la Meurthe.*
2. Cf. F. Liénard, *Dict. top. de la Meuse.*

71. — **: RICHERVS EPS** ; dans le champ, une croix à branches évasées en creux.

℞ ✠ **|HATTONCASTEL** ; le **T** et le **E** sont liés ; au centre, une tour à deux étages, avec une large porte et un toit en poivrière. Tout l'édifice est élevé sur un soubassement évasé.

Ma collection ; denier d'argent ; 0,97.

Cette monnaie et les quatre suivantes ont été décrites pour la première fois, mais sans figures, par de Saulcy [1], et citées, après lui, par F. Clouet.

72. — **: RICHERVS EPS** ; dans le champ, une croix pattée.

℞ ✠ **HATTONIS** ; au centre, un édifice analogue à celui du n° précédent.

Ma coll. ; denier d'argent ; 0,99.

73. — **: RICHERVS** ; dans le champ, une croix pattée.

℞ ✠ **HATTONIS** ; au centre, un édifice analogue à celui des deux n^{os} précédents.

Anc. coll. de Saulcy ; obole d'argent ; 0,48.

Cette obole était unique dans la trouvaille de Tronville.

---

1. Trouvaille de Tronville.

Atelier de Dun.

Dun, sur la Meuse, appartenait au duc Godefroy le Bossu et à Mathilde sa femme. Lorsque Godefroy eut pris le parti du pape contre l'empereur Henri IV, ce dernier donna Dun à l'évêque Thiéri par lettres-patentes de 1066. L'évêque Henri de Blois, second successeur de Thiéri, engagea Dun à Renaud, comte de Bar, qui le transmit à ses successeurs. Les monnaies de Richer frappées à Dun sont fort rares.

74. — ∴ RICHERVS EPS ; au centre, une croix cantonnée au 1er et au 4e d'une sorte de I, au 2e et au 3e, d'une étoile à huit rayons.

℞ ✻ DVNVM ; au centre, un édifice circulaire avec porte et fenêtres cintrées, au milieu duquel s'élève une tour terminée en poivrière. Deux longues tiges, terminées par des boules, partent de la terrase du premier étage et s'élèvent à droite et à gauche de la tour.

Anc. coll. de Saulcy ; denier d'argent ; 1,05.

Je possède une variété de ce denier dans laquelle le trait du troisième canton est horizontal au lieu d'être dirigé suivant un rayon.

Atelier de Sampigny.

Sampigny, au bord de la Meuse, entre Saint-Mihiel et Commercy, avait été donné à l'église de Verdun par les Mérovingiens. En 1070, il était aux mains du comte de Réthel ; l'évêque Thiéri en fit le siège et le reprit. Les évêques en demeurèrent les maîtres en droit, sinon toujours en fait, jusqu'à la fin du XIVe siècle, où il passa à Robert, duc de Bar.

75. — ⸎ **RICHERVS EPS** (H et E liés); au centre, une croix pattée posée sur un anneau.

℞ ✠ **SAMPINIACV**. Édifice circulaire surmonté d'une tour avec appendice se détachant à droite et à gauche, à mi-hauteur de celle-ci.

Ma coll. ; denier d'argent ; 1,01.

Ce denier a été décrit sans dessin par de Saulcy et Clouet ; M. Dannenberg en a donné la figure [1].

MONNAIES ANONYMES FRAPPÉES A SAMPIGNY.

Types de Thiéri et de Richer.

76. — ✠ **VIRGO ΩARIA** ; tête voilée de la Vierge tournée à droite.

℞ ✠ **SAMPINIACVM** ; édifice formé d'un portail élevé que couronne une sorte de fleur de lis, et que flanquent deux tourelles.

Anc. coll. de Saulcy ; denier d'argent ; 1,05.

On doit se demander si cette monnaie, trouvée avec des pièces de Thiéri et de Richer, appartient à l'un ou à l'autre de ces évêques. MM. de Saulcy et F. Clouet n'ont pas hésité à l'attribuer au second ; mais il faut remarquer que la tête de la Vierge y est tournée à droite

---

1. *Die deutschen Münzen der sächsischen und fränkischen Kaiserzeit*, dl. v, nᵒ 419.

comme sur les deniers du premier, et que l'édifice ressemble particulièrement à celui d'une de ses monnaies ; elle est donc peut-être de Thiéri, qui l'aurait fait frapper après 1070, date de la prise de Sampigny.

77. — ✠ S.......IA ; au centre, la tête de la Vierge tournée à droite.

℟ ....HAN....S ; lettres mal venues, lecture incertaine ; au centre, une croix pattée.

Anc. coll. de Saulcy ; denier d'argent ; 0,87.

Cette monnaie, où la tête de la Vierge est encore tournée à droite comme sur les monnaies de Thiéri, était classée à ce prélat, dans le médaillier de Saulcy; mais la légende du revers semble désigner Henri, dont on verra plus loin des monnaies au même type.

78. — Légende irrégulière. Dans le champ, une croix pattée avec petits globes aux extrémités.

℟ HAS...S. Au centre, un édifice à trois tours.

Ma coll. ; denier de billon ; fausse du temps ; 0,68.

RICHARD II (1108-1114).

On n'a pas, jusqu'à ce jour, retrouvé de monnaie au nom de l'évêque Richard. Ce prélat, cependant, fut à diverses reprises en pleine possession des régales de l'Évêché, et rien ne paraît s'être opposé à ce qu'il ait eu, comme beaucoup de simples élus, un coin autonome. Il est possible aussi qu'il n'ait émis que des monnaies anonymes. On pourrait lui attribuer, dans ce cas, les monnaies à la légende **SALVS MVNDI** qui reproduisent un des types de Richer, mais qui sont d'un autre style :

79. — **SALVS MVNDI** (les deux S rétrogrades), entre deux grènetis ; au centre, une croix à branches pattées et légèrement bifurquées, à l'extrémité desquelles est un petit globe.

℞ ...**VIRDVNV**... entre deux grènetis ; dans le champ, une église formée d'un édifice central flanqué de deux tourelles.

Ma coll. ; denier d'argent ; 0,80.

80. — : **SAL....NDI** (S rétrograde), entre deux grènetis ; croix avec petits globes aux extrémités de ses branches.

℞ * **VIR...VM**, entre deux grènetis ; au centre, un édifice analogue à celui du n° précédent.

Ma coll. ; obole d'argent.

HENRI I (1118-1130).

Les monnaies de l'évêque Henri ne portent point d'indication d'atelier. M. Maxe-Werly, dans un excellent article sur les monnayeurs du Barrois, pense qu'elles ont été frappées à Saint-Mihiel. Il rappelle que ce prélat confirma, en 1124, la convention passée en 1099 par l'avant-dernier évêque, avec une maison religieuse de Saint-Mihiel, pour la fabrication de la monnaie épiscopale. Henri de Winchester, dont la position avait été compromise à Verdun pendant la guerre des investitures, et qui n'était pas reconnu par son clergé, était l'allié du comte de Bar ; il ne pouvait donc mieux faire que de transporter son atelier dans une ville du Barrois qui, si elle n'était pas de son temporel, était dans sa dépendance ecclésiastique.

Les monnaies de Henri Ier ne sont connues que depuis 1861, grâce à un petit trésor découvert à Dieulouart. Elles représentent deux types caractérisés, l'un par la tête de la Vierge, l'autre par un oiseau éployé.

Atelier de Saint-Mihiel ?

TYPE DE LA CROIX ET DE LA TÊTE DE LA VIERGE.

81. — **HENRICVS E..**, entre deux grènetis ; au centre, croix à branches égales.

℞ **✻ MARIA VIRGO** ; tête de la Vierge tournée à gauche.

Ma coll.; denier d'argent ; 1,01.

82. — **..NRI......** Dans le champ, une croix à branches égales.

℞ **......IRGO** ; tête de la Vierge tournée à gauche.
Ma coll.; obole d'argent ; 0,47.

83. — **· HENRICVS EPS**, entre deux grènetis ; dans le champ, une croix à branches pattées et terminées chacune par un petit globe ; une étoile au premier canton. Le point qui commence la légende est douteux.

℟ ✳ MARIA VIRGO, entre deux grènetis; au centre, la tête voilée de la Vierge tournée à gauche.

Coll. A. Buvignier; denier d'argent; 0,94.

84. — ✳ HENRICVS, entre deux grènetis; au centre, une croix à branches pattées et terminées chacune par un petit globe.

℟ ✳ MARIA VIRGO, entre deux grènetis; au centre, la tête voilée de la Vierge tournée à gauche.

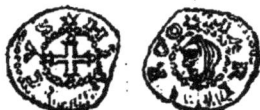

Ma coll.; obole d'argent; 0,40.

85. — .HENRICVS..., entre deux grènetis; au centre, une croix semblable à celles des nᵒˢ 83 et 84; un petit globe dans le second canton.

℟ .MA...IRGO, entre deux grènetis, au centre, la tête voilée de la Vierge tournée à gauche; une sorte de boucle se voit sur la joue.

Ma coll.; denier d'argent; 0,89.

86. — • HENRICVS EPS, entre deux grènetis; au centre, une croix pattée avec un petit globe à l'extrémité de chacune de ses branches; une étoile au premier canton.

℟ ✳ MARIA VIRGO, entre deux grènetis; au centre, la tête voilée de la Vierge tournée à gauche.

Ma collection; denier d'argent; 0,77.

87. — Variété où les quatre cantons de la croix sont occupés;
savoir : le premier et le quatrième, par une étoile ; le deuxième
et le troisième, par une petite sphère.

Anc. coll. Monnier; denier d'argent ; 0,84.

TYPE DE L'OISEAU.

Le spécimen que nous connaissons de ce curieux type
est une obole; mais le denier a dû exister.

88. — ..EN..CV...., entre deux grènetis; dans le champ, une
tête nue tournée à gauche ; une étoile derrière le cou.

℞ ✻ VIR.. MARIA, entre deux grènetis. Au centre, un oiseau
éployé, regardant à gauche.

Ma coll.; obole d'argent; 0,35.

ALBÉRON (1131-1156).

Les très rares monnaies d'Albéron de Chiny, retrouvées
jusqu'à ce jour, sont de deux types : le buste de la Vierge
et la tête de l'évêque.

CROIX ET TÊTE DE LA VIERGE VUE DE PROFIL.

89. — ✻ ALBER......, entre deux grènetis; au centre, une
croix à branches épaisses et pattées.

℞˙ **SCA MARIA** ou **S MARIA**, entre deux grènetis; dans le champ, la Vierge vue à mi-corps. La tête est voilée et tournée à gauche.

Ma coll.; denier d'argent; 0,85.

TÊTE DE L'ÉVÊQUE ET CROIX.

90. — **ALBERO [EPS]**, dans un grènetis; au centre, la tête nue de l'évêque tournée à gauche.

℞ ✠ **M.....R..**, entre deux grènetis; au centre, une croix, formée de quatre feuilles pointues; un petit globe au premier canton et au quatrième.

Ma coll.; obole d'argent; 0,35.

M. Monnier possédait un exemplaire de cette obole sur lequel il lisait : ✠ **SCA [MARI]A** [1].

LACUNE DANS LA SÉRIE MONÉTAIRE DU MILIEU DU XII° SIÈCLE AU COMMENCEMENT DU XIV°.

Je n'ai retrouvé aucune monnaie attribuable aux élus ou aux évêques de Verdun entre l'abdication d'Albéron de Chiny, en 1156, et l'épiscopat de Henri IV d'Apremont qui commence en 1314. Cette interruption d'environ un siècle et demi a-t-elle été absolue? Ce n'est pas pro-

---

1. *Note sur une trouvaille de monnaies faite près de Dieulouart.* Nancy, 1862, in-8°, pl. fig. 5.

bable et sans doute retrouvera-t-on des monnaies appartenant à quelqu'un des évêques ou des élus qui furent
pendant cette période maîtres, sinon de Verdun, du
moins des fiefs de l'évêché. Il est à remarquer d'ailleurs
que de 1156 à 1208, depuis l'avénement d'Albert Ier jusqu'à
la mort d'Albert II, les évêques de Verdun, débarrassés
de la despotique avouerie des comtes de Bar, eurent un
grand pouvoir que ne contrecarrèrent pas sérieusement les
mouvements précurseurs de l'établissement de la com-
mune. Ensuite, si, entre Albert de Hirgis et la fin du xiii^e
siècle, la commune fut toute puissante à Verdun, il faut
remarquer qu'elle n'eut jamais un atelier monétaire à
elle, comme la cité de Metz et la république de Strasbourg.
Dans tous les cas, si elle dut annuler parfois dans l'intérieur de ses murs l'exercice de la plus grande partie des
privilèges régaliens de l'évêque, et, avec eux, son droit
de frapper monnaie, celui-ci maintint sans doute, dans
ses châteaux, des ateliers où il put frapper monnaie.
C'est ainsi qu'agirent les évêques de Metz et de Toul [1] qui
n'ont pas cessé pendant cette période troublée de frapper
monnaie et ont même, surtout les premiers, émis un
numéraire considérable caractérisé d'ordinaire, au droit,
par l'image d'un évêque mitré qui bénit ou bien qui tient
d'une main un livre, de l'autre une crosse. Si donc l'on
retrouve des monnaies des évêques de Verdun émises
entre 1156 et 1314, elles présenteront au droit, non plus
une tête nue comme les pièces déjà décrites, y compris
celle d'Albéron de Chiny, mais un buste épiscopal mitré.
Il est bon de remarquer toutefois que les stipulations,

---

1. Voir mes *Recherches sur les monnaies des évêques de Toul*, et l'article
que j'ai inséré dans les *Mélanges numismatiques*, publiés par MM. de Saulcy et
de Barthélemy, sur les monnaies que les évêques de Metz frappèrent dans
divers châteaux au xiiie siècle, lorsque le développement de la commune
les obligeait à renoncer au séjour de leur ville épiscopale.

à Verdun même, ne se faisaient généralement pas, à cette époque, en monnaie de Verdun. L'histoire de cette cité mentionne des amendes infligées en « *sols de Chalonge au cours de la ville* »; puis, plus tard, à la fin du XIIᵉ siècle, un engagement de terres, *sub certa æstimatione tredecim librarum Cathalaunensium*. Au commencement du XIIIᵉ siècle, les comptes se font en monnaies de Provins; plus tard, après que la Champagne eut été réunie à la couronne de France par le mariage de Philippe le Bel, on comptait à Verdun en *tournois*, puis en *parisis*. On connaît une stipulation de Raoul de Torote (1224-1245) en *esterlings*. On rencontre aussi des ventes faites en *livres messines*. Il en était de même dans les petites seigneuries et à Toul, par exemple, où le numéraire local fut toujours peu abondant et où il était plus commode d'adopter les monnaies de compte des États voisins. Il ne faudrait pas conclure, de l'absence dans les chartes d'une monnaie de compte locale, qu'il ne se fabriquait absolument plus d'espèces épiscopales à Verdun. Les stipulations se faisaient donc généralement en monnaies de compte étrangères, sinon en monnaies effectives. Quelques actes, par exemple du temps de l'évêque Raoul de Torote et de l'élu Jean d'Aix, mentionnent aussi de petits payements en deniers de Verdun [1], ce qui permet de croire qu'il s'en frappait encore, sinon pour les grandes stipulations, au moins pour l'appoint.

Réapparition des monnaies verdunoises.

HENRI IV D'APREMONT (1314-1349).

La France ayant mis, vers la fin du XIIIᵉ siècle, un pied

---

1. 1238, acte portant cens de *duos denarios monetæ Virdunensis* (Cart. Cathedr., p. 33 verso). 1247. *Distribuentur... duo denarii monetæ Virdunensis* (Cart. de l'évêché, nᵒ 153).

en Champagne, se trouva voisine du Verdunois et commença à s'occuper de ce qui s'y passait. A la mort de l'évêque Jean III (1297-1302), Philippe le Bel lui fit donner comme successeur Thomas de Blâmont. Ce prélat conclut en 1303, avec son protecteur, un traité qui mettait le Verdunois, terre d'Empire, en quelque sorte entre les mains de ce dernier. C'est ainsi que commença l'influence que la France exerça sur Verdun, sous le nom de garde, jusqu'au milieu du xıvᵉ siècle. Dès avant cet acte politique, les relations commerciales et les échanges de toute sorte s'étaient multipliés entre le Verdunois et la France; aussi l'emploi de l'unité française dans les comptes était-il devenu général. Cette situation amena l'atelier épiscopal à fabriquer des espèces réelles, taillées sur le même pied que les espèces de France, de type à peu près semblable, mais de moins bon aloi.

C'est au nom de l'évêque Henri que sont les premières monnaies verdunoises du xıvᵉ siècle, retrouvées jusqu'à ce jour. Les pays voisins de la France, lorsqu'ils n'en relevaient pas directement, ne se faisaient pas faute, à cette époque, dans l'intérêt de la circulation du signe d'échange, d'imiter les types royaux. On ne sera donc pas surpris qu'Henri d'Apremont ait suivi l'exemple général.

Imitation du double parisis de Philippe le Bel.

91. — ✠ ꟽOꟁETA VIRDVꟄ, entre deux grènetis; dans le champ et en deux lignes **LEGALIS** remplaçant **REGALIS**; au dessus et à la place du lis de France, un écu accosté de deux feuilles, sur lequel on reconnaît la croix d'Apremont chargée d'une crosse.

R' ✠ ҺENRICVS EPC, entre deux grènetis; au centre, une croix fleuronnée.

Ma coll.; billon; 1,05.

Cette monnaie, de fort mauvais aloi, est une habile imitation, à poids inférieur, du royal parisis double de Philippe IV le Bel, dont M. de Saulcy a fait une histoire si intéressante [1].

Imitation de la maille tierce de Philippe le Bel.

92. — ✠ ҺENRICVS EP'C, entre deux grènetis; en légende extérieure: ✠ NOMEꞂ : DOMIꞂI : SIT : BNDICTV, grènetis. Au centre, une croix à branches égales et pattées.

R' EC MONETA VRD', dans une bordure de trèfles; au centre, le châtel du tournois français, surmonté d'une croisette.

Ma coll.; bon argent; flan rogné; 1,05.

93. — Variété où le nom de lieu est écrit au revers, VIRI au lieu de VRD'.

Anc. coll. Gariel; bon argent; 1,29.

---

1. *Recueil de documents monétaires inédits de Philippe-Auguste à François I*, in-4°, 1879, p. 149.

Les pièces précédentes, de bon métal, sont des copies des mailles-tierces ou tiers de gros de Philippe le Bel, frappées depuis le 1er juin 1286 jusqu'au 25 août 1314.

La formule **EC MONETA** est l'abréviation de celle qu'employait, à Toul, Thomas de Bourlemont (1330-1353) lorsqu'il frappait des esterlings avec **EC MONETA NOSTRA** [1]. A Metz un évêque anonyme du xiiie siècle écrivait sur la monnaie de Vic : **C EST VI** [2].

Un exemplaire de la maille-tierce, appartenant à M. de Saulcy, avait été décrit par M. F. Clouet comme portant **EC**[clesiae] **MONETA V**[i]**RD**[unensis]. Il n'y a plus de doute aujourd'hui que **EC** est bien l'abréviation de l'adverbe *ecce*.

Imitation du denier tournois de Philippe le Bel ou de Louis X.

94. — ✠ **hINRICVS EPC·X**, entre deux grènetis; dans le champ, une croix à branches égales et pattées.

℞ **VIRDONVS CIVIS**, dans un grènetis; au centre, le châtel des tournois surmonté d'une croisette qui marque le commencement de la légende.

Anc. coll. de l'abbé de Jobal; billon.

95. — ✠ **HINRICVS EPCX**, entre deux grènetis; au centre, une croix pattée.

---

1. Cf. mes *Recherches sur les monnaies des évêques de Toul.*

2. Cf. l'article que j'ai publié sur *Les monnaies messines du trésor de Saint-Vith* (*Mélanges de numismatique*, t. II, p. 100).

Ŗ̇ **VIRDONVS CIVIS**, dans un grènetis; au centre, le châtel des tournois surmonté d'une croisette qui marque le commencement de la légende.

Anc. coll. Gariel; billon; 0,85.

Cette pièce ne diffère de la précédente que par les dimensions un peu plus petites de la croix, par la suppression d'un point entre le **C** et l'**X** et l'addition d'un signe horizontal abréviatif entre le **P** et le **C**.

96. — ✠ **HINRICVS EPC**, entre deux grènetis; au centre, une croix pattée.

Ŗ̇ **VIR○DVNVS CIVIS**; châtel.

D'après Duby. Le dessinateur a peut-être omis le **X** qui termine, dans les autres exemplaires, l'abréviation du titre de l'évèque. Cet **X** parasite a pour but d'imiter la légende française des prototypes, qui se termine par le mot **REX**.

97. — ✠ **HENRICVS EPISC**, entre deux grènetis.

Ŗ̇ **VIRDVNVS CIVIS**; au centre, le châtel.

Manuscrit de Mory d'Elvange, déjà cité par M. F. Clouet; lecture douteuse.

98. — ✠ **ḥINRICVS·EPC X**, entre deux grènetis; au centre, une croix pattée.

Ŗ̇ **VERDONVS.ϵIVIS**; au centre, le châtel.

Anc. coll. Gariel; billon; 0,96.

99. — ✠ **ḥINRIϵVS.EPC X**, entre deux grènetis; au centre, une croix pattée.

℞ VERDNVS · EIVIS ; au centre , le châtel.

Anc. coll. Gariel ; billon ; 0,69.

Ces deniers tournois sont imités de ceux frappés en
France dans les dernières années de Philippe le Bel, qui
mourut en 1314, l'année de l'avènement de notre évêque,
ou sur ceux qui furent émis pendant le court règne de
Louis X (1314-1316).

*Imitation du denier à la couronne
de Philippe de Valois.*

100. — ħ ː EPISCOPVS · , dans une bordure formée de lis ,
entre deux grènetis ; au centre, le châtel surmonté de la couronne, comme sur le prototype ; trois petits globes sous le
triangle central.

℞ MON ETA VIR DVꝛ, disposé entre deux grènetis, dans les
angles d'une croix ; en légende extérieure ✠ BNDICTV ː
SIT...... DNI ː ꝛRI ː DEI ; grènetis.

Dessin communiqué il y a longues années par M. J. Rousseau ; billon ; 1,91.

101. — ☉ ħ · EPISCOPVS ☉ ; bordure de lis ; châtel surmonté de la couronne, comme au numéro précédent.

℞ MOɌ ETA VIR DVɌ, disposé entre deux grènetis, dans les angles de la croix; en légende extérieure ✠ BɌDICTV·SIT..... DɌI·ɌRI·DEI, grènetis.

Anc. coll. de Saulcy; billon; 1,96.

102. — Autre semblable, si ce n'est qu'au droit, il y a, au dessous du triangle, un annelet au lieu de trois points.

Cabinet de France; billon; 2,10.

103. — ⊙ H·EPISCOPVS ⊙; bordure de lis; châtel surmonté d'une couronne; annelet sous le triangle. La lettre H est mal venue, on n'en voit que la haste.

℞ MOɌ ETA VIR DVɌ, disposé entre deux grènetis, dans les branches d'une croix dont les extrémités sont terminées par des annelets qui interrompent le second grènetis; en légende extérieure : ✠ BɌDICTV : SIT ɌOℛEN....ɌRI DEI; grènetis.

Anc. coll. de Saulcy; billon fruste; 1,62.

Ces monnaies de billon sont une contrefaçon du denier d'argent à la couronne frappé sous Philippe de Valois, du 13 février 1336 au 10 avril 1340.

Imitation du gros tournois à la fleur de lis de Philippe de Valois.

104. — ✠ bEɌRIC : EPISCOP, dans un entourage circulaire formé de petits lis entre deux grènetis; au centre, une grande fleur de lis.

℞ ✠ MO℞ETA VIRDV℞; au centre, une croix à branches égales et pattées avec un lis dans le deuxième canton. En légende extérieure : ✠ BND...... O℞E : DN.. .R℞. DE℞, entre deux grènetis.

Ma coll.; billon fruste.

105. — Autre d'après un ancien dessin ; les légendes sont également incomplètes. Rien ne se voit, au revers, dans les cantons de la croix.

106. — ✠ HRI·PI·EPISCOP. Grande fleur de lis.

℞ ✠ MONETA VIRDVN, autour d'une croix à branches égales et pattées. En légende extérieure ✠ BENEDICTVS SIT NOMEN DOMINI, entre deux grènetis.

Coll. Ch. Buvignier, décrit par M. F. Clouet [1] ; billon ; 1,75.

HUGUES DE BAR (1351-1361).

Imitation du double tournois.

107. — ℞V[GO]℞VS·VERDV℞S ; dans le champ, une couronne et au dessous : EPS. La dernière lettre du nom de lieu n'est pas douteuse.

℞ ✠ ℞ONETA DVPLEX. Croix de procession à branches fleuronnées.

Ma coll.; billon ; 1,51.

---

1. *Histoire de la monnaie verdunoise*, p. 69.

108. — Autre, portant au droit, **HVGONVS VERDVNES**.
Coll. E. Taillebois, à Dax : billon.

Cet exemplaire a été décrit par son possesseur, en
1882, dans le *Bulletin de la Société de Borda*, à Dax.

Les doubles tournois de Jean qui ont servi de type à
ces monnaies, sont, suivant de Sauley [1], ceux dont la
fabrication fut ordonnée le 24 novembre 1359 et eut lieu
cinq jours plus tard. Robert de Bar imita la même monnaie en mettant **DVX** au lieu de **EPS**.

Imitation du denier blanc à la queue.

109. — ✠ **hVGORVS EPISCOPVS**, entre deux grènetis.
Dans le champ, une croix longue dont l'arbre coupe en deux la
légende. En dehors, et enveloppée par un troisième grènetis,
la formule habituelle, mais en partie effacée par le frai, **BER-
DICTV SIT.... RI RR....**
℞ ·**TVRONVS CIVIS** et, dans le champ de la pièce, le châtel
ordinaire du tournois surmonté d'une couronne.

Ma coll.; billon; 1,75.

Cette monnaie, copiée sur le denier blanc à la queue [2],
faisait partie d'un petit trésor comprenant, outre diverses
pièces de Philippe de Valois et de Jean, deux *blancs à
la queue* au nom de Robert de Bar (1352-1411).

1. *Recueil de documents monétaires inédits de Philippe-Auguste à François I.*
2. H. Hoffmann, *Monnaies royales françaises*, p. 34, nº **22** et pl. XVII.

Imitation du gros denier blanc.

110. — ✠ bVᴄORVS ⚜ EPISCO., entre deux grènetis ;
au centre, une croix à branches égales, épaisses et pattées. En
légende extérieure et enveloppée par un troisième grènetis :
✠ BRDICTV...T ⦂ ROℳE ⦂ DRI ⦂ R.. ⦂ DEI ⦂ IHV ⦂ XPI.
℟ TVRONVS CIVIS. Au centre, le châtel tournois surmonté
d'un lis : comme entourage des lis, entre deux grènetis.

Ma coll.; billon noir ; flan épais ; 4,60.

111. — HVGONVS EPISCO', entre deux grènetis ; au centre,
une croix pattée à branches égales ; en légende extérieure et
enveloppée d'un troisième grènetis : ✠ BNDICTV SIT·NOME·
DNI·DEI·IHV·XPI.
℟ TVRONVS CIVIS. Au centre, le châtel tournois surmonté d'un lis, le tout dans une bordure formée d'une croisette et de onze fleurs de lis.
Anc. coll. Dassy, décrite par A. de Longpérier [1].

La pièce qui a servi de prototype aux deux monnaies
qui précèdent est le *denier blanc* de Jean [2], valant huit
deniers tournois, dont la fabrication fut décidée le
16 janvier 1356 et continuée jusqu'au 26 juillet suivant.

Le nom du lieu n'est écrit sur aucun des *gros blancs*
de Hugues de Bar. C'est à M. Hucher que revient l'honneur
de lui avoir attribué ces pièces. La ressemblance des précédents gros avec ceux frappés par Robert de Bar ne

---

1. *Revue numism.*, 1859, p. 460 et pl. xxi, fig. 7.
2. H. Hoffmann, p. 41 et pl. xxi, fig. 39.

laisse aucun doute sur l'attribution et ne permet pas de les confondre avec ceux de Hugues, évêque de Liège [1].

NOUVELLE INTERRUPTION DE LA SÉRIE MONÉTAIRE
(1361-1420).

Cinq évêques, Jean de Bourbon, Jean de Dampierre, Guy de Roye, Liébault de Cousance et Jean de Sarrebrück, successeurs de Hugues de Bar, qui ont occupé le siège de Verdun pendant un demi-siècle, ne sont pas jusqu'à ce jour représentés dans les médailliers.

Les évêques de Metz eurent pendant cette période des monnaies assez variées, sur flan large, et sorties la plupart non des ateliers de leur ville épiscopale, mais de leurs ateliers féodaux. Rien ne porte à croire que la fabrication monétaire des évêques de Verdun ait été absolument interrompue soit à Verdun, soit dans les châteaux de l'évêché. On peut même dire, grâce à un fait consigné dans l'histoire verdunoise, que Jean de Bourbon (1361-1371) a dû avoir des espèces à son nom. En effet, le 3 février 1367, l'évêque étant absent, les magistrats allèrent à l'évêché, y firent ouvrir un coffre et y prirent, pour les transporter à la maison de ville, les outils nécessaires à la fabrication monétaire [2]. L'abbé Clouet considère ce fait, non comme un acte de violence, mais comme la conséquence d'un traité antérieur dont l'exécution avait été retardée [3]. Le savant écrivain ajoute, il est vrai, que l'évêque et la ville n'étaient guère, en ces temps, en situation d'avoir un monnayage régulier et quelque peu actif; mais, je l'ai déjà dit, la fabrication de la monnaie qui avait lieu alors, à cours plus ou moins surélevé, était

---

1. R. Serrure, *Les monnaies d'Hugues de Chalon, évêque de Liège* (*Bulletin de numism. et d'archéol.*, t. II, p. 79 et pl. v).

2. Roussel, *Hist. ecclésiastique de Verdun*, p. 339.

3. *Hist. de Verdun*, t. III, p. 329.

un bénéfice et non une charge, et les frais d'installation
et de fabrication n'étaient pas ce qu'ils sont aujourd'hui.
Je crois donc que les trouvailles nous feront connaître
avec le temps des monnaies de Jean de Bourbon.

LOUIS, cardinal de Bar (1420-1430).

Le cardinal Louis était fils du duc Robert, et petit-fils,
par sa mère, du roi Jean. En 1415, à la mort de son
frère Edouard, il éleva à la couronne ducale de Bar des
prétentions qui furent contestées et portées devant le
parlement de Paris. En 1419, un arrangement intervint,
et Louis renonça à ses droits en faveur de son petit-
neveu, René d'Anjou. Le cardinal fut pourvu plus tard
de l'évêché de Verdun.

Louis avait fait frapper, comme duc de Bar, un gros
sur lequel il prend le titre de cardinal-duc et dont le
champ porte l'écu de Bar penché et timbré d'un heaume.
Cette monnaie sort de mon cadre. J'ai cru devoir également laisser de côté deux pièces décrites comme ducales
par de Saulcy [1], encore bien que Louis y prenne simplement le titre de cardinal de Bar, comme sur ses espèces
épiscopales. La première, sans nom d'atelier, est une
copie fidèle du gros du duc Robert et doit bien appartenir à Bar; la seconde est de Saint-Mihiel et pourrait,
à la rigueur, être reportée à la série épiscopale, car on
sait que Louis, l'année où il devint évêque de Verdun,
utilisa, comme quelques-uns de ses prédécesseurs, l'atelier
ducal de Saint-Mihiel [2], et si ceux-ci ne pouvaient mettre
sur les monnaies qu'ils y faisaient fabriquer le nom de
cet atelier ducal, il n'en était pas de même de Louis qui

---

1. *Rech. sur les monnaies des comtes et ducs de Bar*, in-4°, 1843, p. 42 et
pl. vii, fig. 6 et 7.

2. *Comptes du receveur général du duché de Bar*. Saulcy, *Rech. sur les
monn. des comtes et ducs de Bar*, in-4°, 1843, p. 43.

gouverna le duché jusqu'en 1424, année où René fut majeur.

Quoi qu'il en soit, je ne donnerai ici que les espèces frappées par Louis, soit dans sa ville épiscopale de Verdun, soit à Varennes, où il fit souvent sa résidence lorsqu'il était déjà évêque de Verdun. Le titre d'administrateur, qui figure sur l'une d'elles, avait été laissé au cardinal lorsqu'il renonça au duché de Bar en faveur de René.

Atelier de Verdun.

112. — ✠ LVDOVICVS ⚹ CARD' ✱ BARRER' ✱ ADꟅIST', entre deux grènetis. Au centre, un écu portant au premier canton et au quatrième les armes de Bar, au deuxième et au troisième les lis de France; pour timbre, un chapeau de cardinal avec houppettes et glands.

℞ ꟼRO S'₂EP AT꘎V IRD'꘎, en légende intérieure que coupent les branches d'une croix pattée; ✠ BNDICTV' ✱ SIT ⚹ ꟼOꟅE' ✱ DNI' ✱ ꟁRI' ✱ IꞖV' ✱ XPI, en légende extérieure.

Ma coll.; argent d'assez bon titre; 2,84.

113. — LVDOVICVS CARD. BARRENS. ADMST. Même type qu'au droit du n° précédent.

℞ GROS' EP ꘎ AT ꘎ VIRD, en légende intérieure, et ✠ BENEDICTV·SIT NOMEM DNI NRI IHV XPI, en légende extérieure.

Comm. par M. Charles Buvignier; billon noir; 3,30.

Cette pièce avait été décrite par F. Clouet [1], comme

---

1. Op. laud., p. 81, n° 1.

portant au revers **IH** au lieu de **IHV** et **GROS' KOMTAT VIRD**, ce qui en aurait fait une monnaie du comté. M. Charles Buvignier, à qui je dois plus d'un renseignement précieux utilisé dans ce travail, a bien voulu me signaler cette double erreur.

114. — **LVDOVICVS·CARD·**, entre deux grènetis; au centre, un écu semblable à celui du gros, que surmonte également un chapeau de cardinal.

℞ ✠ **ꟽOꝛETA·VIRDVꝛES**. entre deux grènetis, au centre, une croix à branches grèles et pattées.

Ma coll., subdivision du gros ; billon ; 0,48.

115. — ✠ **LVDOVICVS B·CARD**, entre deux grènetis; dans le champ, un écu parti de Bar et de France. Le chapeau de cardinal a disparu dans cette pièce et dans les suivantes.

℞ **MON ETA VIR DVN**, entre les branches d'une croix.

Décrit par F. Clouet, d'après un exemplaire de sa collection ; 0,32.

116. — ✠ **LVDOVICVS CARD·**, entre deux grènetis; dans le champ, un écu parti de Bar et de France.

℞ **MO NE T·V! RD**. Cette légende est coupée en quatre par une grande croix cantonnée de deux bars et de deux lis.

Exemplaire décrit dans la *Revue numismatique*, 1851. 1. p. 79; billon; 0,43.

117. — **LVDVICVS'** ⚜ **CARD'**, entre deux grènetis; dans le champ, un écu mi-parti de Bar et de France.

℞ **MOꝛ ETA VIR DVꝛ'**, disposé entre deux grènetis, dans les cantons d'une croix.

Ma coll.: billon; 0,83.

118. — ✠ LVDOVICVS·CARD·, entre deux grènetis ; au centre, un écu parti de Bar et de France.

℞ MO ꝑET VIR DVͤ, disposé, entre deux grènetis, dans les branches d'une croix pattée. Chaque canton porte une fleur de lis.

Ma coll.; billon noir ; 0,45.

119. — LVDOVICVS CARD. Même écusson qu'au précédent. ℞ VIRDVN EPS.

Cette petite pièce, du poids de 8 grains ou 0,42, n'est connue que par le manuscrit de Mory d'Elvange, qui ne dit pas quel était le type du revers. Les lectures du secrétaire perpétuel de l'ancienne Académie de Metz sont généralement exactes ; on peut donc croire, à la rigueur, que le cardinal a pris exceptionnellement, sur une de ses monnaies, le titre d'évêque.

Atelier de Varennes.

120. — ✠ LVDOVICVS·CARD·BARRENSIS, entre deux grènetis. Au centre, un écu écartelé de Bar au premier canton et au quatrième, et de France au deuxième et au troisième. Un chapeau de cardinal surmonte l'écu.

℞ SEM GRO S·VA REN, disposé entre deux grènetis, et coupé par les branches d'une croix pattée. Au premier canton et au quatrième de Bar, au deuxième et au troisième de France. En légende extérieure : ✠ SIT ꞉ NOMEN ꞉ DOMINI ꞉ BENE-DICTV ꞉ grènetis enveloppant le tout.

Ancien dessin communiqué par M. J. Rousseau. Argent bas.

121. — ✠ LVDOVICVS ✩ CARD'x BARRENSIS. Même type qu'au droit du numéro précédent.

℞ SEM GRO S⁑ VX REꞂˑ et SIT ⊕ ꞂOꟽIEꞂ ⊕ DOꟽI-
ꞂI ⊕ BEꞂEDICTVˑ. Même type qu'au revers du numéro précédent.

Ma coll.; billon; 2,10.

Cette pièce, qui ne diffère du n° 120 que par les signes
séparatifs, et qui porte **NOMIEN** au lieu de **NOMEN**, est
de très bas titre et peut être considérée comme l'œuvre
d'un faussaire du temps.

122. — ✠ **LVDOVICVS ✝ CXRDˑ✝ BXRREꞂSIS**, entre deux
grènetis. Au centre, un écu écartelé de Bar au premier canton
et au quatrième, et de France au deuxième et au troisième; sur
l'écu un chapeau de cardinal.

℞ **SEꟽˑ GRO Sˑ⊙VX REꞂ**, disposé entre deux grènetis et
coupé par les branches longues et pattées d'une croix. En
légende extérieure : ✠ **SIT ꞂOꟽEꞂ ⊕ DOꟽIꞂI ⊕ BEꞂEDIC-
TVꟽ**.

Anc. coll. Monnier; billon très bas: 1,92.

123. — MM. Rollin et Feuardent m'ont communiqué une
variété de coin de cette monnaie, où les signes séparatifs dans la
légende du droit sont des croisettes à branches égales.

Les demi-gros de Varennes pèsent presque autant que

les gros de Verdun ; mais, à cette époque, la différence de valeur était la conséquence du titre plutôt que de la taille.

124. — **LVDOVICVS CARD**. Au centre, dans un grènetis, la tête du prélat tournée à droite. La légende est coupée en deux par deux petits bars, comme dans le double parisis du duc Robert.

R̃ **MO. NO. VARER**., grènetis intérieur ; tout le champ de la pièce est partagé par une croix à branches évidées.

Dessin de Dupré de Geneste ; très petite monnaie noire ; 3 grains ou 0,16.

Cette pièce est remarquable par la présence de la tête au droit.

Divers documents établissent les difficultés que soulevait l'émission de la monnaie du cardinal de Bar. Je citerai, par exemple, les deux textes suivants :

« Pour la déchéance de la monn. de Verdun qui fut
» receue sur lestang Faumiroir (*près de Revigny*), de
» plus personnes qui achetèrent poisson et paiairent en
» la dic monoie et qui leust refusée on n'eust point vendu
» de poisson. Come en la recepte cy devant appert en
» laquelle a en recepte viij libvres qui valent en déchéant
» XX S. T. [1] »

« ..... dudit Jehan Jacquemet de Parreiz (*Parreid*),
» pour une folle plainte qu'il fit contre Jehan Cardi, de

---

1. 1428. Archives de la Meuse, B. 690, fo 64, 8o.

» ce qu'il voulait monstrer que ledit Jehan Cardi ne
» voult preure la monnoie de Varennes que pour V mes-
» sins et elle valait V et obole, laquelle chose ne peu
» monstrer. Pour ce, amende, V sols valent. vj^s viij^d [1] ».

LOUIS DE HARAUCOURT (1430-1437 et 1449-1456).

Louis de Haraucourt, filleul de Louis cardinal de Bar,
arriva fort jeune à l'évêché de Verdun. Son caractère
violent ameuta contre lui la cité et le chapitre; aussi se
fit-il transférer à Toul en 1437. Il rencontra dans son
nouvel évêché les mêmes difficultés qu'à Verdun, dont
il reprit le siège, en 1449, par permutation avec Guillaume
Fillastre qui l'avait remplacé. Louis fut régent du duché
de Lorraine.

Les diverses monnaies de l'évêque Louis de Haraucourt
rappellent les armes de sa maison qui étaient : *d'or à la
croix de gueules, au franc quartier d'argent chargé
d'un lion de sable armé et lampassé de gueules.*

Atelier de Verdun.

Il est difficile de savoir, tant les monnaies d'alors
variaient de poids et d'aloi, à quelles unités, françaises
ou lorraines, correspondaient les espèces de l'évêque
Louis. Je me bornerai donc à les classer d'après leur
module.

---

1. Comptes du Prévôt d'Etain, Andreu Braville (1431 à 1434). Saulcy,
Recherches sur les monnaies des comtes et ducs de Bar, p. 43.

GRAND MODULE.

125. ✠ **LVDOVICVS ⁂ EPS⁑ VIRDVNS ⁂** entre deux
grènetis. Au centre, l'écu de Haraucourt, entouré alternativement d'angles et d'arcs.

℞ **MO⁑ ⋆TA ⋆VIR DVS** entre deux grènetis et dans
les branches d'une croix pattée.

✠ **SIT ⊚ NOME·⊚ DOMINI ⊚ BENE·DITV** en légende
extérieure.

Anc. coll. de Saulcy; argent d'assez bon titre; 1,92.

Cette pièce a dû circuler au même taux que le gros
d'argent frappé pour l'évêché de Verdun par Louis de
Bar. Elle a été mentionnée, sans description, par M. F.
Clouet.

126. — ✠ **LVDOVICV· EPS ⁑ VIRDVꞄS·** entre deux grènetis; au centre, l'écu de Haraucourt dans un contour formé
alternativement d'épicycloïdes et d'angles.

℞ **ꟙOꞄ ETA⁂ VIR DVꞄ ⁑** entre deux grènetis et dans
les branches d'une croix. Une étoile dans chaque canton.

Ma collection; billon; 1,15.

127. — ✠ **LVDOVICVS ⊙ EPS ⊙ VIRDVꞄS·** entre deux grènetis; au centre, l'écu de Haraucourt, dans un contour formé
d'épicycloïdes et d'angles.

℞ MON ETA✱ ✱VIR DVN ✾ dans les branches d'une croix cantonnée d'étoiles.

Variété du n° 126: publié par M. le baron de Kœhne [1].

PETIT MODULE.

Les monnaies suivantes sont analogues à celles du même module émises par le cardinal de Bar; elles ont été découvertes en assez grand nombre à Novéant, et présentent plusieurs variétés insignifiantes d'abréviations et de signes séparatifs, dont je ne donnerai qu'une partie. Elles forment trois groupes principaux, dans lesquels le champ renferme quatre étoiles, deux étoiles, ou bien est complètement vide.

1ᵉʳ *Groupe.*

128. — ✠ LVDOVICVS× EP× VIRD× entre deux grènetis; au centre, l'écu de Haraucourt.

℞ MO NE VIR DV disposé entre deux grènetis, dans les branches d'une croix pattée. Une étoile dans chaque canton.

Description communiquée par M. Charles Buvignier; billon; 0,30.

129. — Autre avec EPS au lieu de EP, et au revers, MON ETA VIR DVN.

Description communiquée par M. Charles Buvignier.

130. — ✠ LVDOV ✾ EP ✾ VIRD° entre deux grènetis; au centre, l'écu de Haraucourt.

℞ MO ꞄE° VIR DV ☉ avec croix et étoiles.

Ma collection; billon; 0,30.

1. *Revue numismatique*, 1862, p. 349.

131. — ✠ LVDOV ⚹ EP ⚹ VIRD· comme au n° 130, mais étoiles au lieu de rosaces ; au centre, l'écu de famille.

℞ MO NE· VIR DV ⊙ entre les branches d'une croix cantonnée d'étoiles.

Ma collection ; billon : 0,45.

2ᵉ Groupe.

132. — ✠ LVDOVIC ⊙ EPS ⊙ VIRD ⊙· entre deux grènetis ; au centre, l'écu de famille.

℞ ꟽOꟼ ETA VIR DVꟼ écrit entre deux grènetis, et partagé par les branches d'une croix pattée. Deux étoiles seulement dans le champ, l'une au second canton, l'autre au troisième.

Ma collection ; billon ; 0,35.

133. — Autre, avec VIRDV ⚹ au lieu de VIRDVN.
Anc. coll. Monnier ; billon.

3ᵉ Groupe.

134. — ✠ LVDOVI ⚹ EPS ⚹ VIRDV ⚹, entre deux grènetis ; au centre, l'écu de Haraucourt.

℞ • MOꟼ ETA ⊙ VIR DVꟼ entre les branches d'une croix ; rien dans les cantons.

Ma collection ; billon ; 0,43.

135. — ✠ LVDOVI· EP·VIRDVN entre deux grènetis ; écu de Haraucourt.

℞ MON ETA VIR DV entre les branches d'une croix ; rien dans les cantons.

Billon ; 0,31.

M. Clouet, à qui appartenait ce spécimen, n'a pas indiqué tous les signes séparatifs que devaient présenter les légendes.

136. — ✠ LVDOV ⁜ EPS ⁜ VIRDV' entre deux grènetis ; au centre, le même écu.

℞ MON ETA ✳ VIR DV ⁜. Croix comme aux deux numéros précédents.

Collection Gariel : billon ; 0,41.

CONTREFAÇON DU QUART DE DENIER MESSIN.

137. — ✠ LVDOVICVS ✳ EPS VIR entre deux grènetis ; au centre, l'écu de Haraucourt.

℞ QV AR TV S × D' entre deux grènetis. Croix coupant la légende en quatre.

Ma collection ; billon noir ; 0,33.

Une variété, mal conservée, de cette pièce appartenait à M. Gillet, de Nancy, qui, voyant dans le Q les lettres L et O liés, lisait au revers, non D'QVARTVS, mais D'LOVARTVS, Dieulouart.

Les quarts de deniers messins, menue monnaie municipale, se frappèrent à l'époque où Adhémar de Monthil délégua à la cité une partie de ses droits régaliens. C'est, suivant toute apparence, une des premières monnaies qui constatèrent l'autonomie monétaire de la cité de Metz. On sait que les monnaies des villes libres, riches et commerçantes, obtinrent, dès leur début, un grand crédit dans le public et qu'il y avait, pour les ateliers féodaux voisins, tout avantage à les imiter ou à les contrefaire.

Médailles et jetons entre 1437 et 1593.

Il y a jusqu'à présent, dans les médailliers, absence de monnaies verdunoises pour Guillaume et pour les successeurs de Louis de Haraucourt, jusqu'à Erric et Charles, princes de la maison de Lorraine, qui ont eu un monnayage très actif. Mais, suivant l'usage, les prélats du XVIe siècle n'ont pas été à Verdun sans faire fabriquer des jetons portant leur nom, leur image, leurs armes ou leur devise. Voici les quelques jetons venus à ma connaissance.

LOUIS DE LORRAINE (1508-1522).

138. — **LOYS ⌘ DE ⌘ LOꝰ ⌘ EVESꝗ ⌘ Ƶ ⌘ CÔTE ⌘ DE ⌘ VERDŪ** entre deux grènetis. Dans le champ, l'écu plein de Lorraine, timbré d'une couronne de comte et posé sur une crosse.

℞ **GETZ × DES ⌘ CŌPT × DE × LEVESCHE ⌘ DE ⌘ ꝣD°O** entre deux grènetis. Dans le champ, une croix de Lorraine, posée sur une crosse et cantonnée de deux alérions et de deux **L**.

Ancienne coll. Gillet ; argent.

Ce jeton, remarquable par l'élégance de ses lettres gothiques, a été publié pour la première fois par Baleicourt [1].

---

1. *Généalogie de la maison de Lorraine*, fig. 33.

JEAN, cardinal de Lorraine (1523-1544).

Je pense devoir donner place ici au jeton suivant, bien que Jean n'y prenne pas le titre d'évêque de Verdun.

139. — ✝ : IO : CARDINALIS : DE : LOTHORINGIA : ✱ : entre deux grènetis. Dans le champ, les armes pleines de Lorraine, timbrées d'un chapeau avec houppes et glands; un filet circulaire est inscrit dans le grènetis intérieur.

℞ ✝ : IN : MANIBVS : TVIS : SORTES : MEE : 1523 : entre deux grènetis et un filet. Dans le champ, une croix potencée, cantonnée de croisettes.

Musée impérial de Vienne ; argent.

Ce jeton est rare. Son type rappelle les monnaies et les jetons d'Antoine, duc de Lorraine, frère du cardinal.

Il existe une médaille religieuse de 1526, fabriquée par conséquent du temps de Jean. En voici la description :

140. — Jésus lave les pieds d'un des apôtres assis devant lui ; derrière, quatre figures debout dont l'une tient une aiguière ; à l'exergue : MDXXVI.

℞ NISI | LAVERO·TE | NON·HABEBIS | PARTEM·MECVM écrit en quatre lignes horizontales. A l'exergue, sous un trait horizontal : VIRDVNI | FVSA en deux lignes.

Anc. coll. F. Clouet ; laiton, exécution assez grossière.

Cette médaille, que M. F. Clouet a fait graver dans son mémoire, est connue avec d'autres dates. Elle se frappait ou se coulait sans doute chaque année, à l'occasion du lavement des pieds de douze pauvres, auquel les chanoines procédaient solennellement le jeudi saint.

NICOLAS DE LORRAINE (1544-1548).

141. — Je ne citerai pas ici les monnaies et les jetons que Nicolas de Lorraine fit frapper comme administrateur du duché de Lorraine. Je n'aurai donc à mentionner, pour son épiscopat, que les exemplaires du lavement des pieds qui s'y rapportent.

Ces exemplaires portent les dates de 1545 et de 1547. Le dernier, qui appartenait à M. Monnier, ne présente pas les points qui se voient sur celui de 1545, à la 2ᵉ et à la 3ᵉ ligne du revers ; dans le mot MECVM, le M est lié avec le E, tandis que le V est plus petit que les autres lettres ; enfin, à l'exergue, les mots VIRDVNI et FVSA sont tous les deux placés entre deux points.

NICOLAS PSAULME (1548-1575).

Ce fut sous l'épiscopat de Nicolas Psaulme, le 12 juin 1542, que Henri II entra à Verdun. Bien que le roi se soit contenté au début du titre de protecteur, la puissance effective fut dès lors entre ses mains. Une autorité plus nominale que réelle, fut toutefois, de même qu'à Metz, laissée à l'évêque. On toléra qu'il prit dans ses actes le titre de comte du St-Empire. Je ne crois pas que Nicolas ait tenté, à l'exemple de l'évêque de Metz, Robert de Lénoncourt, de rouvrir les ateliers monétaires de l'évêché. Il est donc probable que les numismatistes devront se contenter de placer dans leurs collections le jeton suivant.

112. — ☆ N·PSAVLME·EVESQVE·ET·COMTE·DE·VERDVN entre deux grènetis. Dans le champ, l'évêque en buste à gauche, vêtu d'une chape à capuchon, et coiffé d'une calotte en réseau; il porte des moustaches et une barbe en pointe et soutient de la main gauche un livre contre sa poitrine.

℞ GETZ DES COMPTES DE L'EVESCHE DE VERDV entre deux grènetis; dans le mot **EVESCHE**, le second **E**, qui avait été sans doute oublié par le graveur du coin, est tout petit. Au centre, un écu aux armes que prit le prélat et qui sont : *d'azur à la fasce d'argent, accompagnée en chef de deux étoiles d'or et en pointe d'une gerbe du même, mise en pal; sur le tout, l'aigle éployée d'Empire.* L'écu est timbré d'une couronne de comte et posé sur une crosse tournée à gauche. Dans le champ, la date 1575.

Ma collection ; jeton argent et cuivre.

NICOLAS BOUSMARD (1576-1584).

Nicolas Bousmard a eu des jetons qui, par leur type, se rapprochent beaucoup de ceux de son prédécesseur, et sont dus sans doute au même artiste.

143. — ☆ NICOLAS·BOVSMARD EVESQVE·ET·CONTE·DE VERDVN en légende circulaire. Au centre, l'évêque est représenté comme sur le jeton de Nicolas Psaulme; dans le champ, à la hauteur des épaules, les initiales **N. B.**

℞ IECTZ·DES·COMPTES·DE·LEVESCHE·ET·CÔTE DE VERDVN en légende circulaire. Au centre, un écu au triangle chargé en cœur d'un trèfle et accosté de deux épis; en pointe, une rosette. Le chef est chargé d'une aigle éployée. L'écu est timbré d'une couronne de comte et posé sur une crosse. Dans le champ, la date de 1584.

Argent et cuivre.

144. — ☆ NICOLAS·BOVSMARD·EVESQVE ET CONTE DE VERDVN en légende circulaire. Même type qu'au droit du n° 143. Dans le champ, N et B.

℞ ·SVB VMBRA ALARVM TVARVM PROTEGE NOS en légende circulaire. Au centre, les armoiries de la mère de Nicolas Bousmard, Alix Collin : *d'azur au pélican d'argent, ensanglanté de gueules nourrissant ses petits sur une terrasse d'argent.* L'écu est surmonté, à droite, d'une crosse, à gauche, d'une mitre, et posé sur la double aigle d'Empire, entre les têtes de laquelle se voit un globe crucigère. Dans le champ, les chiffres 1580 coupés en deux par l'écu.

J'ai emprunté à D. Calmet le dessin de ce jeton, que je n'ai rencontré dans aucune collection.

CHARLES DE LORRAINE, cardinal de Vaudémont
(1585-1587)

On ne connaît aucun souvenir numismatique de Charles de Lorraine ayant spécialement rapport à Verdun. Je me borne donc à mentionner ci-dessous, sans les faire graver, deux jetons de cuivre qui appartiennent à ce prélat, et que j'ai déjà décrits ailleurs [1].

145. — **CAROLVS A LOTHARINGIA CARDINALIS VADEMONTANVS** en légende circulaire : dans le champ, le prélat en buste, tourné à gauche, vêtu d'une chape et portant le chapeau de cardinal.

R̃ ✠ : **MERITO : DEFENDO : TVENTEM :** entre un grènetis et un filet ; au centre, l'écu plein de Lorraine brisé du lambel, et timbré d'un chapeau avec ses glands : quatre croisettes dans le champ.

146. — ✠ **CARO · A LOTHAR · CARDI · VADEMONTANVS** entre un grènetis et un filet ; au centre, l'écu avec chapeau et glands comme au revers du n° précédent. De petites étoiles se voient dans le champ.

R̃ **MERITO DEFENDO TVENTEM** ; cette légende est tracée sur une banderolle. Dans le champ, une église élevée sur un rocher.

Dernière réapparition de la monnaie.

A la fin du XVIᵉ siècle, l'évêché de Verdun étant entré dans la maison de Lorraine-Vaudemont, deux évêques de cette famille, les princes Erric et Charles, ont fait frapper un grand nombre de monnaies d'or et d'argent. Plusieurs de ces monnaies présentent le flan épais et le poids lourd adoptés en Europe depuis l'arrivée des métaux du Nouveau-Monde.

---

1 *Mélanges d'arch. et d'hist.*, in-8°, 1875, p. 122 et 123.

ERRIC DE LORRAINE (1593-1611).

Je ne connais aucune monnaie d'Erric antérieure à l'année 1601, mais il est probable qu'il frappa avant cette date, soit à Verdun, soit dans un de ses châteaux. Les archives locales renferment sans doute des documents à ce sujet.

En 1606, Henri IV chargea Pierre Joly, son procureur général dans les Trois-Evêchés, d'amener Erric à ne plus frapper monnaie. L'évêque et le procureur général se rencontrèrent au château de Dieulouart, le 5 juillet. Pierre Joly, ainsi que nous l'apprend la relation de son voyage, dit « que sa Majesté aurait fort agréable que Monsieur de Verdun luy fît don du droit qu'il a de fabriquer monnoie au dit Verdun »; il ajouta, comme précédent, que le cardinal Charles de Lorraine, évêque de Metz, avait, dès 1556, abandonné au roi de France tous ses droits en cette ville, et notamment le droit de battre monnaie. Erric protesta de ses bonnes dispositions, et l'on discuta les compensations qui pouvaient lui être accordées. L'atelier monétaire de Dieulouart était justement en activité à l'époque où le procureur Joly y vint. Le délégué du roi visita cet atelier et demanda à l'évêque quels en étaient les profits; ce prélat répondit qu'il se réservait, s'il y avait lieu, de les faire connaître directement à Sa Majesté. En somme, l'évêque résista et le roi n'usa pas de son autorité, si bien que l'année 1608 et les années suivantes virent paraître un nombre considérable de monnaies au nom de l'évêque.

MONNAIES D'OR

147. — ✠ ERRICVS · A · LOTH · EPS ET · CO · VIR; buste de l'évêque à droite ; cheveux courts, longue barbe ; col rabattu.

R̃ FLORENVS·AVREVS·AN·1608 : l'écu aux armes pleines de Lorraine, brisé du lambel et timbré d'une couronne de comte que surmonte une crosse.

Florin d'or : 4,11 (1 gros 6 grains). Dessin de Mory d'Elvange.

148. — ✠ ERRIC·A·LOTH·EPS·ET·CO·VIR ; buste comme au n° précédent.

R̃ FLORENVS·AVREVS·AN·1608 ; écu plein de Lorraine, brisé du lambel et timbré de la couronne ducale de la maison de Lorraine. Au-dessus de la couronne, une mitre près de laquelle se voient d'un côté la sigle B, de l'autre, un point.

Ma coll. ; florin d'or ; 3,50.

Ce florin portant, comme le précédent, la date de 1608, on doit en conclure que le changement de couronne eut lieu en cette année. Les florins à la couronne ducale sont moins rares que le florin à la couronne de comte.

149. — Florin semblable au précédent, mais avec la date de 1610.

Ma coll. ; 3,05.

150. — Autre, avec la date de 1611.
Anc. coll. de Saulcy.

151. — ✠ ERRIC·A·LOTH·EPS·ET·CO·VIRD. Buste à droite.

R⁻ FLORENVS·AVREVS·AN·1612 ; écusson, couronne et mitre ; la lettre B est placée entre la couronne et les chiffres exprimant la date.

Florin communiqué par M. le baron de Kœhne.

Ce dernier florin de 1612 est curieux parce qu'Erric avait résigné, dès 1611, l'évêché de Verdun en faveur de son neveu, le jeune prince Charles de Lorraine. Je ne pense pas qu'Erric se soit réservé le droit de frapper monnaie pendant un certain temps, comme le fit un autre prince lorrain, François de Vaudémont, qui ouvrit un atelier à Ba'onvillers après avoir abdiqué la couronne ducale ; il est plus probable que les officiers de la monnaie, lorsque le portrait de Charles n'était pas encore gravé, auront utilisé l'ancien coin, tout en y introduisant la date réelle.

MONNAIES D'ARGENT.

152. — *Teston.* — ✠ ERRICVS·A·LOTH·EPS·ET·COM· VIR entre un grènetis et un filet ; dans le champ, le buste de l'évêque semblable à celui des florins, mais tourné à gauche.

R⁻ MONET·NO·AN·DO·1608·CVSA entre un grènetis et un filet ; dans le champ, l'écu plein de Lorraine, brisé d'un lambel et timbré d'une couronne de comte que surmonte une mitre. A gauche de la mitre, la sigle B.

Ma coll. ; argent ; 8,69.

Il y a eu plusieurs coins du teston d'Erric. Mory d'El-

vange [1] en connaissait deux spécimens portant au revers,
l'un : MONET·NOVA ANNO DOMINI 168 CUSA, l'autre :
MONET·NOVA ANNO DOMINI 1608 CVSA.

153. — *Demi-teston*. — ✠ ERRIC·A LOTH·EPS ET CO
VIR ; buste à droite.

℞ MONET·NO·ANNO 1608 CV ; écu plein de Lorraine
timbré d'une couronne de comte que surmonte une crosse.

Dessin de Mory d'Elvange : argent ; 1 gros ou 3,82.

Cette pièce, si l'on s'en rapporte au poids indiqué, est,
malgré son faible diamètre, un demi-teston. Son type est
identique à celui du premier florin de la même année.

154. — *Quart de teston*. — ✠ ERRICVS·A LOT·EPS·ET·
CO·VIR ; buste à droite.

℞ MONET·NO·AN·1601·CVSA· ; écu aux trois alérions
brisé d'un lambel et timbré d'une couronne de comte et d'une
mitre.

Dessin de Mory d'Elvange : argent ; 38 grains ou 2,01.

155. — ✠ ERRICVS·A·LOTH·EPS·ET·CO·VIR ; buste à
droite.

℞ MONET·NO·AN·DO·1608·CVS [2] ; écu plein de Lorraine
timbré d'une couronne ducale et d'une mitre.

Ma coll. ; argent ; 1,99.

---

1. *Ms. de la ville de Nancy.*

156. — ✠ ERRIC·A·LOTH·EPS·ET·CO·VIR ; buste à droite.
℟ ·MONET·NO·AN·DO· 1608·CVS ᴮ ; comme au n° précédent.

Anc. coll. Monnier ; argent.

Ces deux quarts de teston de 1608 sont beaucoup moins rares que celui de 1601, qui n'existe plus, depuis le dernier siècle, dans les collections.

MONNAIES DE BILLON.

157. — 𝕰 couronné. — ERRIC·A·LOT·EPS·ET·C·V entre un grènetis et un filet ; au centre, un E surmonté d'une couronne et d'une mitre.
℟ MONET·NO A· 1608 C·VI ; écu simple de Lorraine à la bande aux trois alérions, brisé d'un lambel à trois pendants timbré d'une couronne de comte et posé sur une crosse qui coupe la légende en deux.

Musée de impérial Vienne ; billon.

158. — ERRIC·A·LOTH EPS·ET·C·V· dans un perlé circulaire ; au centre, un E surmonté d'une couronne et d'une mitre.
℟ MONET·NO·A· 1608·C·V· ; écu simple de Lorraine aux trois alérions, brisé d'un lambel et surmonté d'une couronne de comte et d'une mitre.

Ma coll. ; flan fruste et rogné ; billon ; 0,70.

159. — Ecu à la couronne de comte. — ✠ ERRIC·A·LOTH· EPS·ET·CO·VIR ; buste à gauche.
℟ MONETA·NO·AN· 1608·CVS ; écu aux trois alérions,

brisé d'un lambel et timbré d'une couronne de comte et d'une mitre.

Ma coll. ; billon ; 0,72.

160. — Autre où le premier mot de la légende du revers est écrit **MONET** au lieu de **MONETA**.
Ma coll. ; billon ; 0,70.

161. — *Ecu de la couronne ducale.* — ✠ **ERRIC·A·LOTH· EPS·ET·CO·VIR** ; buste tourné à gauche.
℞ **MONET·NO·AN·1608·C V** ; même écu qu'au n° précédent, mais la couronne de comte est remplacée par la couronne ducale.
Ma coll. ; billon ; 0,85.

162. — Un exemplaire appartenant à M. de Saulcy laissait voir un point de chaque côté de la couronne.

163. — Un autre, de la collection de M. le comte de Widranges, porte au revers, en toutes lettres : **CVSA**.

164. — Un autre, de la même collection, ne porte, au contraire, qu'un **C** après la date **1608**.

165. — ✠ **ERRIC·A·LOTH·EPS·ET·CO·VIR** ; buste à gauche.
℞ **MONET·NO·AN·1609·C** ; écu aux alérions, lambel, couronne ducale et mitre.
Ma coll. ; billon ; 0,88.

166. — ✠ **ERRIC·A·LOTH·EPS·ET·CO·VI** ; buste tourné à gauche.

℞ ·**MONET·NO·1610·C V** : écu aux alérions : lambel, couronne et mitre.

Ma coll. : billon ; 0,92.

167. — Autre, de la collection de Widranges, avec **VIR** au droit.

Les monnaies de billon d'Erric ont été fort nombreuses ; les produits des diverses émissions se distinguent par de légères variétés, dont je n'ai indiqué qu'une partie.

JETONS.

168. — **ERRICVS A LOTHA· ·EPISC·ET·COM·VIRD·** ; écu plein de Lorraine timbré d'une mitre avec ses fanons et posé sur une crosse. Dans le champ : ·**15—96·**

℞ ✠ **LVCERNA PEDIBVS MEIS VERBV̄ TVVM**, entre deux grènetis. Dans le champ, une lampe de forme antique allumée et posée sur le livre des évangiles richement relié et à fermoirs.

Cabinet des médailles ; argent ; 27 millim.

169. — Exemplaire d'un autre coin portant **LOTHAR** au lieu de **LOTHA**.

Cabinet des médailles ; cuivre ; même diamètre.

170. — Autre donné par Baleicourt et dom Calmet. Le type et le diamètre sont les mêmes, mais la date a disparu.

171. — **ERRICVS·A·LOTH·EPS·ET·COM·VIR** entre un grènetis et un filet. Dans le champ, le buste à droite.

℞ **GECT·DV·BVREAV** ; au centre, dans un cartouche ovale et orné, les armes pleines de Lorraine brisées d'un lambel. La couronne ducale qui timbre l'écu est surmontée d'une mitre ; à l'exergue et sous une barre ·1610·.

Ma coll. argent ; 25 millim.

172. — Autre de même diamètre et de même type, mais sans date. F. Clouet [1].

173. — ✠ ERRICVS·A·LOTH·EPS·ET·COM·VIR ; buste à droite, bon style.

℞ ·GECT·DV·BVREAV· ; cartouche aux armes pleines de Lorraine, brisées d'un lambel ; une couronne ducale surmontée d'une mitre avec ses fanons, timbre l'écu.

Ma collection ; argent ; 22 millim.

174. — ✠ ERRIC·A·LOTH·EPS·ET·COM·VIRDVN ; buste à droite.

℞ GECT·DV·BVREAV· ; même type que le n° précédent ; la mitre est sans fanons.

Ma collection ; cuivre ; même diamètre.

175. — Autre où le nom de la ville est écrit VIR et celui de l'évêque ERRIC.

Ma collection ; argent ; même diamètre.

---

1. *Op. laud.*, p. 104, n° 9.

CHARLES DE LORRAINE-CHALIGNY (1611-1622).

Le prince Charles fit frapper monnaie d'abord à Dieulouart, par Claude Bailly, orfèvre du bourg de Saint-Nicolas-du-Port, puis à Mangienne par Nicolas Marteau, orfèvre de Charleville, ancien graveur de la monnaie du duc de Nevers, Charles de Gonzague. En 1621, le nouveau maître de la monnaie prit la fuite et rentra à Charleville.

On sait par des documents, que je ne reproduirai pas ici, à quel titre et à quelle taille l'évêque Charles a fait frapper ses monnaies d'or et d'argent.

MONNAIES D'OR.

Les monnaies d'or au nom de Charles de Lorraine, retrouvées jusqu'à ce jour, sont fort rares ; elles consistent, comme celles d'Erric, en florins. Au temps où écrivait M. F. Clouet, aucune de ces pièces n'avait été retrouvée. On en connaît aujourd'hui trois coins de 1612, et un de 1613.

176. — ✠ CAROLVS · A · LOTH · EPS · ET · C · VIR ; dans le champ, l'évêque en buste à droite, vêtu comme Erric et portant les cheveux courts, une moustache et une barbe en pointe.

℞ FLORE^NVS · AVREVS · AN · 1612ᴇ ; dans le champ, l'écu plein de Lorraine brisé d'un lambel à trois pendants et timbré d'une couronne ducale que surmonte une mitre entre deux points.

Ma collection ; florin d'or ; 3,20.

177. — ✠ CAROLVS·A·LOTH·EPS·ET·C VI; buste de l'évêque à droite.

℞ FLORENVS·AVREVS·A'·1612.

Cette variété est gravée dans le tarif de Jérôme Verdussen, Anvers, 1633, parmi les florins au titre de seize car. huit gr.

178. — Autre de 1612 où la légende du droit est surfrappée, mais laisse voir nettement LOT·EP, au lieu de LOTH·EPS.
Ma collection ; or ; 3,19.

179. — ✠ CAROLVS·A·LOTH·EPS·ET·C·VIRD ; l'évêque en buste à droite.

℞ FLORENVS·AVREVS·AN·1613 ; écu timbré d'une couronne ; mitre entre un B et un point.
Ma collection ; or ; 3.20.

Il a été frappé, en même temps que les florins d'or, des *demi-florins* qui n'ont pas encore été retrouvés.

180. — MONETA·NOVA·VIRDVNENSIS, écu plein de Lorraine, chargé d'un lambel et timbré d'une couronne ducale.

℞ SANCTA·MARIA·ORA·PRO·NOBIS· ; la Vierge, la tête couronnée et nimbée, portant l'enfant Jésus et tenant un sceptre ; au dessous d'elle, un croissant. Le type de la Vierge a été fréquemment employé au xvie siècle et au xviie, dans les ateliers monétaires de l'empire et notamment à Strasbourg [1].

Ce florin est gravé et évalué dans le tarif imprimé par Jérôme Verdussen. Il est difficile de savoir s'il appartient à l'épiscopat d'Erric ou à celui de Charles ;

---

1. BERSTETT, *Münzgeschichte des Elsasses*, pl. vii, 133ᵇ. et pl. viii, 153ᵃ et 467.

cependant on peut incliner en faveur de ce dernier, parce que l'écu, par sa largeur, rappelle plutôt les monnaies ducales du duc Henri et de Charles IV, que celles de Charles III.

Il est à remarquer que ce florin était d'un titre très bas.

MONNAIES D'ARGENT.

181. — *Thaler*. — CAROLVS ✛ A ✛ LOTHARINGIA ✛ EPISCOPVS ✿✳✿, entre deux grènetis ; dans le champ, le buste de l'évêque à droite ; à l'exergue : ·IIII·F·

℞ ET·COMES·VIRDVNENSIS·PRS·SRI·IMPERⁱⁱ entre deux grènetis ; dans le champ, l'écu plein de Lorraine, brisé d'un lambel à trois pendants et timbré d'une couronne ducale que surmontent une crosse et une mitre séparées par une croisette. L'écu est entouré d'ornements.

Ma collection ; argent · 29,07.

182. — Même type et même légende au droit.

℞ ·ET ✛ COMES ✛ VIRDVNENSIS·PRˢ·IMP· entre deux grènetis ; dans le champ, le même écu avec couronne, mitre et crosse.

Catalogue Monnier ; argent.

Cette variété, où la légende du revers est moins com-

plète et les signes différents, est depuis longtemps
connue [1].

Les deux pièces qui précèdent sont plus larges, mais
moins épaisses que les gros écus ou thalers frappés à cette
époque par les ducs de Lorraine. Elles ont à peu près
le même poids que ceux-ci.

183. — *Testons.* — ·CAROLVS·A·LOTHARINGIA·EPISCO-
PVS ; buste de l'évêque tourné à droite.

℞ ET·COMES·VIR·PRS·SRI·IMPERII ; écu plein de Lorraine,
brisé d'un lambel et timbré d'une couronne que surmontent
une mitre et une crosse.

Cabinet impérial de Vienne ; argent.

184. — Variété où le mot *imperii* est écrit par un seul I.
Cabinet de France ; argent ; 7.13.

185. — Variété semblable à la précédente, mais avec
EPISCOPS au lieu de EPISCOPVS.

Ma collection ; argent ; 7,20.

Les différences qui se rencontrent dans les légendes
des testons, et dont on ne connaît évidemment qu'une
partie, prouvent qu'il y a eu plusieurs émissions.

186. — *Quart de teston.* — ✳ CAROLVS A LOTHARINGIA·
EPISCOPVS : buste à droite.

---

1. *Monnaies d'argent qui composent une des parties du cabinet de S. M.
l'Empereur*, Vienne, 1756, in-f⁰, p. 48.

℞ MONETA·NOVA·ARGENTVM·VIR·; écu plein de Lorraine, brisé d'un lambel et timbré d'une couronne. La mitre et la crosse sont supprimées sur ce quart de teston, ce qui lui donne une grande ressemblance avec les monnaies que le duc de Lorraine, Henri, frappait alors à Nancy.

Ma collection : argent ; 1.84.

MONNAIES DE BILLON. — TYPE DU BUSTE.

Les menues monnaies suivantes ont été abondamment frappées. Il en existe encore un grand nombre de variétés, provenant particulièrement du trésor de Villeroncourt, acquis par M. le comte de Widranges.

187. — *Millésime de 1610.* — ✠ CAROLVS·A·LOTH·EPS· ET·C·VIR; buste de l'évêque à gauche.

℞ MONET·NO·AN·1610·CV; écu simple de Lorraine à la bande aux trois alérions, brisé d'un lambel à trois pendants. Une couronne ducale surmontée d'une mitre, timbre l'écu. Un point se voit de chaque côté de la mitre.

Ma collection ; billon ; 0,96.

Cette pièce porte une date antérieure à l'épiscopat de Charles; elle a été frappée avec un coin de revers gravé à la fin de l'épiscopat d'Erric. M. F. Clouet[1] avait vu des exemplaires frappés avec un coin de 1608.

----

1. *Op. laud.*, p. 107.

184. — *Millésime de 1612.* — ✠ CAROLVS·A·LOTH·EPS· ET·C·VIR ; buste à gauche.

℞ MONETA·NOVA·AN·1612 ; écu simple de Lorraine, brisé d'un lambel et timbré d'une couronne que surmonte une mitre. Un point de chaque côté de la mitre.

Ma collection ; billon ; 1,00.

189. — Autre, où il y a **LOT** au lieu de **LOTH**.

Anc. coll. de Saulcy ; billon ; 0,89.

190. — ✠ CAROLVS·A·LOTH·EPS·ET·C·VI· ; buste à gauche.

℞ MONETA·NOVA·AN·1612 ; écu aux trois alérions avec lambel, couronne ducale et mitre.

Ma collection ; billon ; 0,97.

191. — *Millésime de 1613.* — ✠ CAROLVS·A·LOTH·EPS· ET·C·VI· ; buste à gauche.

℞ MONETA·NOVA·AN·1613 ; écu, couronne et mitre.

Ma collection ; billon ; fruste ; 0,88.

192. — ✠ CAROLVS·A·LOT·EPS·ET·C·VIR· ; buste de l'évêque à gauche, tête nue et revêtue d'un camail comme dans les numéros précédents.

℞ MONETA·NOVA·AN·1613 ; écu de Lorraine aux trois alérions, chargé d'un lambel que surmonte une mitre ; un point de chaque côté de la mitre.

Ma collection ; billon ; 0,71.

193. — Variété de la pièce précédente, avec **VI** au lieu de **VIR**. Ma collection ; billon ; 0,75.

194. — *Millésime de 1617.* — ✠ CAROLVS·A·LOT·EPS· ET·C·VIR... ; buste à gauche.

℞ MONETA·NOVA·AN·1617 ; écu simple de Lorraine, brisé d'un lambel et timbré d'une couronne ; la pièce est rognée et l'on ne voit pas la mitre.

Cet exemplaire porte une date que l'on n'avait jamais rencontrée sur les billons de Charles de Lorraine ; aussi étais-je disposé à croire que le 7 était un 2, mais l'indication que je dois à M. de Widranges est explicite.

Les émissions de billon au nom de l'évêque Charles, qui
paraissent avoir été nombreuses, ne se distinguent que
par de petites différences, telles que la suppression d'une
lettre ou le déplacement d'un point. Des exemplaires mal
frappés et de très bas titre, qui se trouvent en assez grand
nombre dans les collections, sont peut-être l'œuvre de
faussaires [1].

MONNAIES DE BILLON. — TYPE DE L'ALÉRION.

195. — * CAROLVS·A·LOTHARINGIA·EPS entre deux grènetis ; au centre, un alérion couronné.

R' ET·COMES·VIR·PRS·SRI·IMPE· dans un grènetis ; au
centre, l'écu plein de Lorraine, chargé d'un lambel à trois
pendants et timbré d'une couronne ducale.

D'après Mory d'Elvange : billon ; 46 grains ou 2,43.

Cette jolie pièce, que je n'ai pas rencontrée en nature,
est empruntée au manuscrit de Mory d'Elvange, dont
les dessins, incorrects dans les détails, sont généralement
exacts dans l'ensemble du type.

Les monnaies suivantes, qui semblent la moitié du
n° 195, présentent toutes l'alérion au droit et au
revers les écus de Bar et de Lorraine brisés d'un

---

1. M. de Widranges a remarqué, parmi les billons du trésor de Villerou-
court, une petite monnaie du duc de Lorraine, Charles III (1545-1608), du
type général décrit par de Saulcy, pl. xviii, fig. 1 à 5, mais portant CACO
au lieu de CARO, et accusant une fabrication bien inférieure à celle de
l'atelier de Nancy.

lambel et timbrés d'une couronne ; copies fidèles des billons du duc Henri [1], elles n'ont rien d'épiscopal dans leur type, et ont dû passer facilement dans la circulation pour des pièces ducales [2]. Elles portent, au revers, comme leurs prototypes, la sigle **G**, où M. F. Clouet voit l'indication de la valeur, **G**[*rossus*], mais qui est simplement l'initiale du graveur. Il est probable qu'il s'agit de Nicolas Ginnetaire ou de son fils Claude Ginnetaire, qui lui succéda, en 1618, comme maître de la monnaie de Nancy [3]. Le même **G** se trouve sur les monnaies du duc Henri de Lorraine et sur celles de Charles IV, son successeur. L'évêque de Verdun étant un prince lorrain, il était naturel qu'il fît graver ses coins à Nancy.

196.—CAROLVS·A·LOTHARINGIA·EPISCO ; dans le champ, un alérion couronné.

℞ ✠ ET·COMES·VIR·PRS·SRI·IMPE ; écussons accolés de Lorraine et de Bar, brisés d'un lambel et timbrés d'une couronne. A l'exergue : **G**.
Ma collection ; billon ; 1,10.

197. — CAROLVS·A·LOTHARINGIA·EPISC ; alérion couronné.

℞ ✠ ET·COMES·VIR·PRS·SRI·IMPE ; écussons couronnés, et **G** à l'exergue, comme au n° précédent.
Ma collection ; billon ; 1,08.

198. — Variété, avec **IMP** au revers, au lieu de **IMPE**.
Ma collection ; billon ; 1,09.

---

1. De Saulcy, *Recherches sur les monnaies des ducs de Lorraine*, p. 163 et pl. xv, fig. 9 et 10.

2. Leur cours est donné par le tarif de 1633. (Cf. de Saulcy, *ibidem*.)

3. Cf. le travail de M. H. Lepage, sur *Les maîtres de la monnaie et les graveurs des ducs de Lorraine*.

199. — Autre, avec **EPIS** au droit, au lieu de **EPISC**, et avec **IMP** au revers, au lieu de **IMPE**.

Ma collection; billon; 1,08.

200. — **CAROLVS·A·LOTHARINGIA·EPS·** ; dans le champ, l'alérion couronné.

℞ **ET·COMES·VIR·PRS·SRI·IMP** ; écussons accolés de Lorraine et de Bar, brisés d'un lambel et timbrés d'une couronne. A l'exergue un **G**.

Anc. coll. Gillet ; billon.

Toutes ces monnaies sont de très bas titre; aussi furent-elles décriées par ordonnance royale du 11 janvier 1623 [1], c'est-à-dire quelques mois après le départ de l'évêque Charles de Lorraine.

MÉDAILLE.

201. — ✠ **CAROLVS·A·LOTH·EPVS·ET·COM·VIRDV·S· IMPE·PRINC** ; buste de l'évêque à gauche.

℞ Le revers, anépigraphe, présente un écu aux armes

---

1. Cf. le placard avec figures, Bibl. Nat. coll., lorr., n° 464, et Chautard, *Imitation de quelques types monétaires de la Lorraine*, p. 64 et 65.

pleines de Lorraine, brisé d'un lambel et timbré d'une couronne ducale que surmontent une crosse et une mitre.

Anc. collection Monnier ; plomb doré ; 46 millim.

JETON.

Dom Calmet a fait connaître, le premier, le jeton suivant :

202. — CONCORDIÆ FRATRVM· ; écu plein de Lorraine, brisé d'un lambel et timbré d'un heaume que surmonte une couronne ducale et un alérion ; à droite et à gauche une mitre. Le tout adossé à un manteau d'hermine.

℞ HOC·NEXV·VINCTI·INVICTI· 1617. Epée, la pointe en haut, accostée de deux crosses et reliée avec elles par un nœud d'amour.

M. F. Clouet considère ce jeton comme faisant allusion

aux liens fraternels qui unissaient le cardinal Charles et ses deux frères, c'est-à-dire François, à qui il avait résigné l'évêché de Verdun, et Henri, marquis de Mouy.

Charles de Lorraine est le dernier évêque de Verdun qui semble avoir monnayé. Ce qui restait des droits régaliens, jadis concédés aux évêques par les Otton, allait disparaître à jamais : le moment approchait où la France, créant le Parlement de Metz (15 janvier 1633), devait faire rentrer les trois évêchés dans le droit commun du royaume. François de Lorraine, frère de Charles, et son successeur à Verdun, lutta et tenta plus d'une fois, mais en vain, de ressaisir les attributs de la souveraineté; c'est ainsi qu'il fit paraître au mois de septembre 1629, pour le retirer aussitôt, sur l'ordre du commandant militaire de Verdun, un règlement qui fixait le cours des monnaies dans l'étendue de l'évêché.

Ici finit la série épiscopale des monnaies et des jetons. Je n'ai pas cru devoir y joindre des médailles religieuses qui, pour la plupart, sont tout à fait modernes ou ne remontent qu'au dernier siècle.

P.-Ch. ROBERT.